Le Matérialisme est faux
Le Catholicisme est vrai

Devant la science et le bon sens

*Pour le démontrer il faut suivre l'un et l'autre,
dans leur théorie sur le monde, l'homme
et la cause première.*

PAR

Le Dr L. GOUX

ANCIEN INTERNE DES HOPITAUX DE PARIS
PRÉSIDENT HONORAIRE DE L'ASSOCIATION DES MÉDECINS
DE LOT-ET-GARONNE

PARIS
A. MALOINE, ÉDITEUR
23-25, RUE DE L'ÉCOLE DE MÉDECINE, 23-25
—
1901

LIBRAIRIE MALOINE
23-25, RUE DE L'ÉCOLE DE MÉDECINE — PARIS

AMBLARD. — *Hygiène élémentaire publique et privée*, par le Dr Amblard, ouvrage précédé d'une introduction par le Prof. P. Bertin-Sans, in-18 cart., 1897, avec fig. .... 6 fr. »

BARBAUD et **LEFÈVRE**. — *La puberté chez la femme, étude physiologique, clinique et thérapeutique*, in-18, 1897. .... 4 fr. »

CABANÈS (Dr). — *Curiosités de la Médecine*. L'antiquité de la chirurgie, de l'obstétrique, de la pharmacie. — Les curiosités des régions, les curiosités du système nerveux, in-18, 1900. .... 4 fr. »

GARNAULT. — *Physiologie, hygiène et thérapeutique de la voix parlée et chantée. Hygiène et maladies du chanteur et de l'orateur*, in-12 cart., 1895, avec 82 fig. dans le texte. .... 5 fr. »

GARNIER et **DELAMARE**. — *Dictionnaire des termes techniques de médecine*, contenant les étymologies grecques et latines, les noms des maladies, des opérations chirurgicales et obstétricales, les symptômes cliniques, les lésions anatomiques, les termes de laboratoire, etc., préface de H. Roger, Prof. agrégé, in-18, 1900. Br. 5 fr. Relié. 6 fr. »

GÉLINEAU — *Hygiène de l'oreille et des sourds*, in-18 cart. 1897. .... 5 fr. »

JOIRE (Dr). — *Précis théorique et pratique de neuro-hypnologie. Étude sur l'hypnotisme et les différents phénomènes nerveux, physiologiques et pathologiques qui s'y rattachent (psychologie, pathologie, thérapeutique, médecine légale)*, in-8, 1901. .... 4 fr. »

LUTAUD (A.), professeur libre de gynécologie, médecin à Saint-Lazare. — *Manuel complet de gynécologie médicale et chirurgicale*, nouvelle édition entièrement refondue, contenant la technique opératoire complète et 507 fig. dans le texte, fort volume in-8. Broché. 20 fr. Relié toile. .... 22 fr. »

REYNAL (Dr). — *L'Art d'être père et l'Art d'être mère. Amélioration de l'enfant*. Dédié aux jeunes gens à marier et aux jeunes ménages. in-18, 1902. .... 2 fr. 50

SURBLED. — *Vie de jeune homme*, in-18, 1900. .... 3 fr. »

SURBLED. — *La vie à deux. Hygiène du mariage*, in-18, 1901. 3 fr. »

WEISS. — *La femme, la mère, l'enfant. Guide à l'usage des jeunes mères*, avec portrait des enfants de l'auteur et patrons, in-18, cartonné, 1897. .... 2 fr. 50

WITKOWSKI. — *Anecdotes historiques et religieuses sur les seins et l'allaitement*, comprenant l'histoire du décolletage et du corset, ouvrage illustré de 210 fig. In-8, 1898. .... 10 fr. »
Belle reliure, 1/2 veau amateur, tête dorée. .... 14 fr. »

WITKOWSKI. — *Curiosités médicales, littéraires et artistiques sur les seins et l'allaitement*, ouvrage illustré de fig. In-8, 1898. 10 fr. »
Belle reliure, 1/2 veau amateur, tête dorée. .... 14 fr. »

Le Mans. — Imp. de l'Institut de Bibliographie. — X-1901.

LE MATÉRIALISME EST FAUX
LE CATHOLICISME EST VRAI
DEVANT LA SCIENCE ET LE BON SENS

Le Matérialisme est faux
Le Catholicisme est vrai
Devant la science et le bon sens

Pour le démontrer il faut suivre l'un et l'autre, dans leur théorie sur le monde, l'homme et la cause première.

PAR

Le Dr L. GOUX

Ancien interne des hopitaux de Paris
Président honoraire de l'Association des Médecins du département
de Lot-et-Garonne

PARIS
A. MALOINE, ÉDITEUR
23-25, rue de l'École de Médecine, 23-25
—
1901

DÉDICACE

A MESSIEURS LES INTERNES DES HOPITAUX DE PARIS

Mes chers Collègues,

C'est une chose grave que d'embrasser une théorie générale de la vie sans examen suffisant, car l'homme va de la théorie à la pratique. Si la théorie est fausse, l'erreur dans le raisonnement entraîne l'erreur dans l'action, et c'est l'acte qui rend l'homme heureux ou malheureux.

Donc le malheur de toute une vie peut être la conséquence d'une fausse théorie. La Société ne réclame pas de vous l'action, elle vous donne quatre ans d'observation, avec quelques loisirs bien légitimes, c'est le moment unique dans votre vie, si ce n'est au déclin irrémédiable de l'âge, pour rentrer en vous-même, faire le recensement de vos connaissances sur la destinée de l'homme et les compléter, de manière à vous faire une théorie rationnelle qui vous serve de boussole dans le voyage de la vie, pour la parcourir dignement, honnêtement, en attendant que votre mérite se fasse jour, supportant les éclaboussures sans les rendre, cherchant avant tout la *paix de la conscience, au lieu d'étouffer celle-ci par le sophisme.*

Une fois entrés dans la vie sociale, le temps de la théorie est passé ; c'est la pratique incessante, débordante, dans notre siècle absurde, où la vie est intensive, où l'homme veut tout faire, tout savoir, jouir de tout, et finit par mourir jeune, à la peine, physiquement, moralement et intellectuellement neurasthénique ; désolé de n'avoir pas su un seul jour ce qu'était le bonheur.

Car l'expérience montre à la fin qu'il n'était ni dans le plaisir, ni dans la richesse, ni dans les honneurs, mais au fond du cœur qu'on n'a convié à aucune de ces fêtes, et qui ne se satisfait que dans le bien.

EXPOSÉ DES MATIÈRES TRAITÉES

Le monde, l'homme, la cause première.

Caractère de la vraie science.
Théorie matérialiste, objections contre ses affirmations.
Etude du monde, de quoi se compose-t-il ?
Etude du monde matériel, concluant à sa caducité.
Etude de la vie, concluant à des principes immatériels, en opposition avec les forces de la matière.
Conséquence : nécessité d'une cause générale surnaturelle.

L'homme.

Etude de la Pensée, son fonctionnement.
Etude des Idées : matérialisées dans le langage par les substantifs, elles sont l'expression des prototypes, où la prescience divine a noté toutes choses. Nous les découvrons en nous par le travail, par la science.
Les sens ne nous donnent pas les idées, ils nous en donnent la clé, ce qui est juste puisque l'homme est matière et esprit.
Etude de l'âme humaine d'après les simples données du sens commun. Se méfier d'une philosophie nébuleuse et impuissante.
Cette étude conclut à la libre recherche du bonheur en face de deux solliciteurs : l'esprit du bien, l'esprit du mal.

Cause première.

Son caractère est l'Intelligence, c'est ce qui la distingue des forces de la matière.

L'étudiant dans l'étendue de notre entendement, nous concluons à ce qu'elle doit posséder au plus haut degré la raison et l'intelligence humaines, nos qualités et nos vertus, dont elle seule peut être la source. Elle est le Bien et le Bonheur parfaits. Etant le bien elle a dû créer le monde, esprit et matière, par bonté, et par conséquent pour lui faire part de sa béatitude.

En ce qui concerne notre planète, l'homme doué de la faculté d'aimer, d'adorer Dieu, doit se survivre dans sa chair pour être l'intermédiaire par lequel la matière peut s'élever jusqu'à la béatitude.

A cette fin Dieu donne à l'homme la raison et l'intelligence qui le mettent en communication avec lui, puis le langage pour lui nommer les êtres et les choses et lui intimer ses commandements. La conscience en conserve le souvenir intime qui peut être faussé par l'erreur et qui réclame une tradition certaine.

La justice divine nous a imposé ses commandements en vue de la béatitude et pour produire en nous le mérite par le jeu du libre arbitre et la résistance aux sollicitations du tentateur.

Où est la tradition de ces commandements divins. Qui est le tentateur. Pourquoi sommes-nous déchus et enclins au mal?

Le catholicisme seul répond à toutes ces questions. Sa théorie.

Origine des purs esprits, du mal, de l'homme. L'homme ne résiste pas à l'épreuve, sa déchéance. Mais promesse d'un sauveur. Institution du sacrifice. Jésus le prédit, la vraie victime est bien le sauveur puisque son Eglise redresse l'homme et lui donne la joie.

Conclusion.

Deux sortes de béatitudes.

TOME PREMIER

LE MONDE

CHAPITRE PREMIER

MATIÈRE BRUTE

Caractère de la science. — Qu'est-ce que la science?

La science est l'exacte observation des faits pour en tirer les véritables et logiques conséquences. Pour cela il faut avoir les faits présents ou pouvoir les reproduire artificiellement.

Cuvier trouve un maxillaire datant de quelques milliers de siècles et il reconstitue l'animal avec ses mœurs et son genre de nourriture, pourquoi? Parce que tout le monde peut s'assurer que dans telle classe d'animaux vivants se retrouvent des maxillaires analogues. D'autre part l'anatomie générale des fossiles concorde avec l'anatomie des animaux modernes, les grandes lignes de la faune terrestre n'ayant pas varié. On est donc en droit de reconstituer l'animal: c'est un fait scientifique conforme à la vérité et logique puisque le plan de la création n'a pas varié.

Certains géologues voudraient comparer les

alluvions anciennes de la croûte terrestre à celles de l'embouchure du Pô ; ce n'est pas scientifique parce que les conditions météorologiques ne peuvent être les mêmes. Il est vrai que ces couches se sont faites par sédiment, mais il est illogique de les comparer.

Qu'est-ce que la fausse science?

Le roman scientifique consiste à tirer des faits des conséquences qui paraissent être vraies, mais qui ne sont pas démontrées, et cela sous prétexte qu'elles sont possibles. Mais les faits manquant du contrôle de l'expérience, de l'observation, ce n'est plus la vérité certaine. Ce n'est pas non plus l'erreur que détruit vite l'expérience ; c'est le vraisemblable qui plaît à l'imagination, qui séduit plus que la science, mais qui ne peut se prouver ni se nier et qui souvent est l'ennemi déguisé de la science, de la vérité. Seulement en flattant les passions dominantes, qui recherchent l'erreur et l'exagération, le succès est certain.

Le probabilisme est fatal à toute science, à toute recherche historique. Il ne peut engendrer que du roman. Cependant c'est la seule méthode employée aujourd'hui par les nombreux faiseurs de théories en philosophie, en religion, en morale, et aussi pour expliquer les origines de la vie sur la terre, celle de l'homme, de ses institutions, de ses mœurs, de ses passions.

La certitude manque partout si on veut faire remonter les origines aux temps préhistoriques. Elle est remplacée par des expressions vagues, des mots barbares, des affirmations sans preuves : « il est probable que les faits se sont passés ainsi ». Quand on a dit, il est évident, il semble que c'est le comble de l'évidence. Aussi ne trouverez-vous pas deux théoriciens qui soient d'accord. Ce n'est donc pas de la science, c'est encore moins de l'évidence.

Quelle théorie a plus de vogue et moins de certitude scientifique que celle de l'origine de l'homme ? Ainsi de ce que l'on a la preuve que des peuples très anciens avaient seulement pour armes des os ou des pierres taillées, on en induit que l'humanité a commencé par un état d'animalité voisin de celui du singe ; tandis que le fait même d'inventer un outil est le signe distinctif de l'homme avec l'animal.

En quoi cela prouve-t-il d'ailleurs pour leur état moral ? Car avec une bonne révélation des devoirs de l'homme, ces familles patriarcales pouvaient être plus vertueuses et plus heureuses que nous. Admettons cet état d'abrutissement, ne trouvons-nous pas encore aujourd'hui des sauvages armés du silex, anthropophages, à conscience obtuse, sans industrie ni agriculture, vivant de chasse et couchant sous la hutte ? Sont-ils en retard, ont-ils été transformés d'hier ?

Ce type a été pris sur le vif à la Nouvelle-Nursie,

côte ouest de l'Australie, là des missionnaires qu'on admirerait, auxquels on élèverait des statues, dans ce siècle de statuomanie, si l'esprit du mal n'y veillait, ont civilisé ces sauvages en une génération. Ils en ont fait des agriculteurs plus moraux que beaucoup d'entre nous. Au point de vue intellectuel ils citent la nièce d'un anthropophage qui faillit la manger dans un temps de famine. Elle est télégraphiste à Sidney; après ça elle n'a peut-être pas son degré supérieur.

Mais que dites-vous de cette lente transformation de l'animal-homme, ainsi que de son cerveau, à travers les milliers de siècles, pour arriver à notre civilisation ; n'est-ce pas un roman scientifique et même contraire à l'observation ?

La méthode scientifique.

En quoi consiste donc la méthode d'observation, quel en est le degré de certitude, quelles sont les limites de cette certitude ?

Par conséquent, qu'est-ce que la science, quelles sont ses limites ?

L'homme observe avec ses sens, ses sens ne lui présentent que les images des objets, des apparences qu'il appelle phénomènes, de *phaïnoma*, se montrer. Il n'a pas d'organe pour saisir le dessous du phénomène, la substance, *sub-stans* ; c'est en comparant les phénomènes qu'il découvre leur agencement, les rapports qu'ils ont entre eux, et il arrive à reconnaître qu'ils ont des rapports adventifs, variables et d'autres rapports constants. Son observation marchant toujours, il finit par trouver que ces rapports constants sont soumis à des règles qu'il appelle lois, d'où le hasard doit être exclu. Il déclare alors que ces phénomènes sont soumis à une cause qui impose ses lois ; et cette cause occulte fait apparaître le phénomène toutes les fois que les circonstances sont identiques à celles qui l'ont déjà produit.

Mais en provoquant l'apparition du phénomène, l'homme se rend maître du dessous de la substance et la met en action, il créé l'industrie. Que lui a-t-il fallu ? connaître les causes qui régissent la matière et les lois suivant lesquelles elles agissent. Mais la matière, la substance, l'homme ne la connaîtra jamais.

Ces causes sont également inconnues dans leur essence. Qui a jamais vu ni touché une cause, un moteur, une force. Nous ne les connaissons que par leurs effets ou phénomènes, mais nous apprenons à connaître les lois qui régissent leur action et cela suffit à notre industrie.

La science humaine ne donne donc à l'homme qu'une connaissance, celle *des rapports des choses, avec les lois qui les régissent, voilà sa seule certitude*. C'est en cela seulement que l'esprit progresse. La science ne découvrira jamais autre chose, parce que l'intelligence humaine n'est organisée que pour cela.

Dans un milliard d'années, quand l'homme aura parcouru toutes les planètes, après avoir inventé tous les instruments nécessaires à ces voyages extraordinaires et trouvé un agent vainqueur de la pesanteur, pénétré même dans le soleil pour en étudier les phénomènes, le progrès n'apprendra rien de plus à l'homme de ce qui lui est essentiel.

Il ne connaîtra ni la matière, ni lui-même, ni les causes qui les maîtrisent l'un et l'autre, ni leur origine, ni leur fin. Heureux si dans ses nombreux voyages à travers les mondes, l'homme trouve un Esprit qui lui révèle tous ces secrets. Quant à la matière avec ses forces, étant partout la même, elle ne pourra dévoiler à la curiosité de l'homme que des formes variées à l'infini.

Deux théories sur le monde, sur l'homme sont seules aujourd'hui en présence : le matérialisme, qui prétend se passer de Dieu, le catholicisme qui nous le révèle dans sa plus sublime pureté.

Nous résumerons le *credo* matérialiste, nous montrerons ce qu'il y a de romanesque dans ses affirmations scientifiques. Après quoi nous entrerons dans le domaine de l'observation, *de natura rerum*, et nous terminerons par un aperçu de la théorie catholique à laquelle notre raison se rallie en pleine lumière, en suprême conviction.

En décrivant les caractères de la vraie science,

nous avons vu que l'observation des sens la limite. Or les sens ne nous dévoilent pas notre âme, encore moins la cause première surnaturelle et dominatrice.

Allons-nous faire du roman scientifique, ou, quittant la terre, allons-nous nous plonger dans les brouillards philosophiques. Ces deux méthodes sont des foyers d'erreur et de sophismes. Là où l'observation des sens cesse, il faut simplement rentrer en nous-même, y chercher pour guide le sens intime, le sens commun à tous les hommes de tous les temps. Il ne peut plus y avoir d'autre guide que la conscience. Là tous les hommes de bonne volonté se retrouvent dans le consentement général. Là tous les hommes trouvent la vérité; il faut la chercher au fond de ce puits où se réfléchissent les étoiles directrices dans un cristal limpide, loin des passions troublantes, loin des illusions du monde, de ses fausses lumières. Mais pour atteindre Dieu, la conscience a besoin de sonder la raison elle-même dans ses profondeurs.

En effet, en observant les faits qui caractérisent la personnalité humaine, son activité, son intelligence, ses actes, son industrie, ses grandes aspirations, on arrive à conclure que la raison est un levier hors de pair dans l'animalité, surnaturel. Il faut le diriger vers la cause première et voir s'il peut soulever le monde pour le porter vers son auteur.

Une théorie rationnelle sur Dieu sera scientifique au même titre que les sciences naturelles, si elle rend compte de tous les faits, si elle n'est pas seulement vraisemblable mais indispensable, si elle résout tous les problèmes que l'humanité se pose depuis les siècles sur cette science capitale, si elle perfectionne l'homme, et enfin le conduit au bonheur pour lequel il se sent né.

Cette science rationnelle ne doit se baser sur aucune théorie *a priori*, elle ne doit partir d'aucun principe théologique. Ce sont ses propres observations qui doivent conduire la raison à se créer une théorie. Elle ne doit donc pas s'appuyer sur la vérité révélée. Cependant, comme il n'y a qu'une seule vérité, les deux doivent se rencontrer conformes.

Armé du levier de la raison, l'homme peut aujourd'hui marcher avec confiance vers ce but, en prenant pour guide la méthode d'observation ; car la vérité scientifique, partant de la base immense des faits, aboutit par l'unité de cause et de substance au sommet de cette prodigieuse pyramide d'observation, d'où, embrassant tout l'horizon et dépassant le firmament, elle peut aller à la rencontre de la vérité révélée, et l'embrasser dans un hyménée éternel, car cette union ne sera plus basée sur l'illusion du sens ou de l'imagination, ce sera un mariage de raison.

La science est-elle assez avancée pour aboutir à

ces sommets ? Oui, et c'est ce que nous voulons prouver, car elle remonte jusqu'à une seule substance, l'atome, à une seule force, le mouvement. La science est donc constituée dans l'unité, le mouvement est l'action ultime de la matière, le rôle de la science finit là. C'est à la raison à démontrer si le mouvement se suffit ou s'il faut une cause supranaturelle.

Dans ce cas la science doit s'humilier et accepter la cause que la raison nous fera pressentir, car il en faut une. Comment faire pour découvrir le Dieu inconnu, puisque la raison n'atteint ni les substances, ni les causes, ni l'origine, ni la fin des choses? Qu'importe, la raison, en travaillant sur les phénomènes naturels, n'arrive-t-elle pas ainsi aux causes physiques intangibles elles-mêmes ?

Nous gravirons donc les sommets des sciences naturelles pour y chercher la causes des causes ; ne l'y trouvant pas, nous étudierons notre propre raison pour voir si, par ses facultés surnaturelles, elle n'est pas un reflet, une émanation de ce Dieu indispensable, si elle ne pourrait pas nous guider dans cette science vitale. Ainsi par l'étude de notre esprit, nous arriverions à une théorie de l'esprit divin et de la destinée de l'homme.

Notre but est donc de prouver que la cause du monde n'est pas matérielle et de trouver sa véritable nature et celle de l'homme que les matérialistes ravalent ; et nous terminerons en cherchant si, parmi les religions, il y en a une qui nous révèle les véritables attributs divins et la loi qui relie notre âme à l'essence divine.

Alors le lecteur, en comparant notre étude rationn elle de Dieu, avec les pures révélations divines, jugera si elles sont conformes, et si elles sont conformes, nous aurons trouvé la Vérité. Mais il ne faut pas la demander comme Pilate, il faut y mettre la bonne volonté, la sincérité, et se méfier des passions qui troublent l'âme quand on les contrarie.

Matérialisme.

Avant de commencer notre démonstration, il est indispensable de présenter l'adversaire que nous combattons.

Le matérialisme, comme l'indique son nom, prétend se passer d'une cause surnaturelle intelligente et providentielle, pour expliquer le monde ; les forces brutes sous le nom d'Énergie suffisent. Le mot énergie est bien trouvé pour l'équivoque, car dans le langage il est pris dans le sens de force mécanique et de force morale. On peut donc par moment octroyer l'intelligence et la volonté à la matière sans y prendre garde.

Cette énergie est unique cause de la vie, car son calorique est indispensable aux cellules. Elle a produit d'abord les êtres mono-cellulaires. De ceux-ci proviennent, par une lente évolution, les êtres poli-cellulaires de plus en plus compliqués. Là les cellules se coordonnent en formes ou types variés, subdivisant à mesure les fonctions dans des associations cellulaires secondaires ou organes.

Ainsi de la monade à l'homme, dans l'espace de milliards de siècles, cette force fatale a tout fait, elle va ainsi en progressant dans ses transformations successives, sans plan préconçu, par une impulsion instinctive, élaborant peut-être demain le type futur qui dépassera l'homme, et où elle s'incarnera pour produire des conceptions plus sublimes que les nôtres.

Car ce n'est pas nous qui inventons, qui agissons de notre initiative, non, c'est cette force qui évolue en nous, notre liberté et notre responsabilité ne sont que des illusions. Aussi chaque homme est une unité du grand tout. L'Énergie réelle est dans la collectivité, d'où l'obligation aux faibles, aux pauvres d'esprit, de faire place à la tête du corps social, aux intellectuels armés de la force et de la richesse.

Voilà Brahma ressuscité, les prolétaires, les pieds du Dieu, pourront se réfugier dans le mysticisme Bhoudique, en implorant leur anéantissement dans le Grand-Tout.

Prétendre que l'énergie agit seule dans les opérations de l'esprit, dans les manifestations intelligentes, paraît tout de même un peu paradoxal.

Alors le matérialisme, fils de Lucrèce, lui donne le nom de Nature, qui prête encore mieux à l'équivoque. Cette bonne déesse capable de toutes les complaisances, n'impose aucun devoir, elle s'enchaîne au contraire elle-même dans des règles immuables. Ce n'est plus la Providence clairvoyante, c'est le processus, que ne disent-ils *pro-cæcus*, qui subit deux tendances fatales :

La première, de progresser inconsciemment dans des œuvres de plus en plus parfaites où se dévoilent à lui-même ses facultés intelligentes, comme le bourgeois gentilhomme faisait de la prose sans le savoir.

La seconde, de varier ses créations suivant l'influence du milieu : conditions de terrain, d'humidité, de chaleur, de voisinage, celui-ci dangereux pour les faibles de par la loi de la lutte pour l'existence, de la raison du plus fort.

Voilà la Genèse sur laquelle est fondé le *credo* matérialiste avec ses conséquences philosophiques et sociales.

Pour détrôner Dieu, il fallait revenir au fatalisme antique, sans l'Olympe, car la science ne permet plus de déifier les causes secondes ; et vous voyez par quelle sourde Genèse le matérialisme remplace la Prévoyance, le plan préconçu d'une cause première éminemment intelligente et providentielle, telle que la comprend et la réclame notre propre intelligence.

Il faut que l'esprit satanique, que l'amour de l'indépendance, ni Dieu, ni maitre, soient bien grands pour accumuler affirmation sur affirmation, sophisme sur sophisme dans ce roman scientifique où l'on cherche contre Dieu la petite bête, permettez-moi cette expression qui dépeint bien la base de l'argumentation matérialiste. Nous n'échenillerons pas Dieu, ce serait trop long, quoique la méthode dite Darwinique permette toutes les fantaisies.

Puisque le transformisme et l'influence du milieu sont les deux grands arguments contre le Dieu créateur et providentiel, nous poserons quelques observations contre cette évolution fatale des êtres, de la simple cellule à l'homme par générations successives : *Abraham genuit Jacob, Jacob genuit Isaac...*

Puis nous verrons si c'est le milieu qui modifie les formes ou une admirable Providence qui a voulu peupler la terre, l'eau, l'air, partout où il y a place pour la vie ; utilisant les produits de cette vie jusqu'à ses dernières parcelles, son terreau, son humus, revenant ainsi du microbe au végétal, du végétal à l'animal, dans un circuit constant et économique. Car la bonne ménagère sait utiliser les restes pour multiplier la vie sans nouvelle dépense et prouver son inépuisable fécondité.

Voyons d'abord l'évolution ou transformisme. En premier lieu il faudrait montrer les forces brutes faisant une cellule. L'immortel Pasteur vous en défie à jamais, vous le reconnaissez.

Il a donc fallu accepter une autre cause à l'origine des êtres ; ne pouvant l'éviter, vous reléguez la force créatrice, fille, dites-vous, du calorique mais de père introuvable, dans une primitive cellule microscopique, même dans son liquide nourricier, le plasma. Là s'incarnera le Dieu fatal qui va produire les êtres, le Processus ! Voilà un Dieu qui nous éloigne des foudres du Sinaï.

Pour prouver l'évolution successive des êtres par transformation d'une espèce à l'autre, il faudrait présenter dans les fossiles les types intermédiaires aux grandes lacunes qui existent de tout temps dans la série des plantes et des animaux. On les trouvera disait Darwin ; le Processus dormait, il y a eu saltation, dit une revue moderne très répandue, le mot est joli, mais ce n'est pas de l'observation, ce n'est pas de la science.

Comment ! 30.000 espèces fossiles sont classées et vous ne pouvez appuyer votre théorie sur aucun témoignage irréfutable. Vous avez sous vos pieds le terrain parisien, fouillé dans tous ses recoins et vous n'avez pas trouvé les ancêtres du Mastodonte qui apparaît pour la première fois, qu'on ne trouve dans aucune couche précédente ? Partez de la souris, du sanglier, montrez-nous les animaux qui se transforment successivement en cette énorme bête.

Vous voulez être le fils du singe, soyez heureux, mais après, de qui le singe sera-t-il fils, du chien, du chat, de l'âne? Où sont les fossiles intermédiaires pour transformer les bêtes connues en singe; vous ne sauriez franchir les limites des classes et des familles, même par la saltation.

Il était peut-être utile de nous rapprocher de la bête pour nous montrer que nous étions solidaires de toute la création. Il était utile d'avoir le singe à notre côté pour comparer le degré d'indignité où nous tomberions, si nous voulions en préférer les instincts aux nobles aspirations de notre âme. Mais le mollet du singe n'est pas fait pour vivre debout et regarder le ciel.

Si le transformisme est vrai, ingéniez-vous à en donner expérimentalement la preuve. Vous avez mille procédés pour faire varier les espèces végétales à votre caprice, la mousse est l'espèce sans racine la plus parfaite, faites-là monter d'un degré, faites une variété avec des racines ; ce sera de l'évolution, ce sera de la science.

Les animaux les plus parfaits, les vertébrés, ne devraient se trouver que dans les derniers sédiments. Or à l'origine toutes les classes des animaux sont représentées, y compris les vertébrés, par la présence des poissons qui étaient déjà plus parfaits que de nos jours, car ils avaient une cuirasse pour les protéger. C'est dans le terrain primitif silurien que devrait briller le transformisme, car les couches précédentes n'ont aucune trace de vie ; il n'en est rien, demandez au Canada, et plus près, à la Bohême qui a une énorme épaisseur de ce terrain.

Jusqu'aux terrains tertiaires la grandeur des reptiles peut frapper l'imagination, mais la flore et la faune changent peu. D'un pôle à l'autre, tout est monotone sous un climat constant. C'est depuis les terrains tertiaires, terrains modernes, que les climats amènent l'architecte à s'ingénier pour créer des plantes et des animaux qui vont utiliser ces milieux variés. Là est en effet le progrès.

Mais pour prouver que le milieu, ce Dieu fatal n'est pas son maître, le Dieu intelligent va généraliser le poumon à sang chaud qui permet à l'animal, à l'homme surtout, d'affronter tous les climats, en rendant leur température indépendante du milieu par un mécanisme savant, dont nous ne connaissons pas tous les ressorts, ni surtout l'habile architecte qui le régularise à toute heure.

A Boghota, dans les Andes, il nous reste un échantillon du climat constant qui précéda les modernes, 22 degrés constants avec des pluies incessantes. On y voit encore des fougères en arbre, mais le sol est si vaseux que des reptiles seuls pourraient y faire glisser leur ventre à l'aise. Quand le sabot du cheval pourra trouver un sol ferme, il sera possible d'élever les formes nouvelles, de leur donner la grâce et la vitesse. Le cheval n'existait pas parce que les lois imposées par Dieu à la matière ne le permettaient pas.

Dans ces terrains nouveaux qui précèdent le nôtre, surgissent donc des formes animales nouvelles, ainsi que de nouvelles plantes avec la fleur et le fruit comestible. Oui, tout se prépare et se pare pour l'arrivée du roi de cette création, à qui Dieu donnera la raison pour en admirer la beauté et les rouages cachés.

Que dit donc la science vraie, comment classe-t-elle la série des êtres ?

Elle dit que la flore ne peut s'échelonner suivant des types de familles consécutives. Les trois classes, disent les botanistes, forment trois continents où se groupent des familles bien distinctes et dont quelques contrées se touchent par les bords, c'est-à-dire par les espèces les plus éloignées des types de famille. Le mode de structure en est différent, les mono et les dicotylédones diffèrent entr'elles absolument. Mais c'est la faune surtout dont les cinq classes sont distinctes et toutes d'égale et primitive origine.

Le grand architecte a pris pour la première le type globuleux, protozoaire ; pour la deuxième, le type rayonné ; pour la troisième le type annelé ; pour la quatrième le type recourbé, les mollusques ; pour la cinquième le type articulé. Certainement il a tout fait avec un seul agent, la cellule, suivant un plan unique qu'il développe dans la série des êtres, qu'il montre en raccourci dans le fœtus du chef de cette création, prouvant ainsi qu'il est bien le seul auteur de cette création terrestre ; l'anatomie permet de reconnaitre son procédé et l'unité de vue.

Mais il ne l'a pas faite par une poussée progressive, puisqu'il y a des fossés infranchissables. L'anatomie semblait cependant les combler, mais le type générateur des vertébrés regimbait, c'était dommage car jusque là tout allait bien. On crut le trouver dans la queue d'une larve d'un mollusque, d'un tunicien. Il était inutile de tirer par la queue cette filiation, le tunicien est né d'hier, le vertébré de la première création.

La géologie, c'est-à-dire l'observation scientifique nie donc l'évolution, le transformisme, aussi n'a-t-elle pas les honneurs du jour. Mais cette théorie a-t-elle au moins un fait éclatant en sa faveur ? Non, à part les variétés remarquables que l'homme impose aux espèces végétales et animales, jusqu'au moment où l'ordre reprend ses droits, il n'y a que des faits minuscules relevés par centaines avec un soin scrupuleux, les petites bêtes : un œil microscopique de plus par lumière insuffisante, disparition d'organes devenus inutiles, suivant la loi économique qu'un organe se fortifie ou s'atrophie en raison de son usage.

Pourquoi la force créatrice aurait-elle mis des siècles pour transformer les espèces, lorsqu'elle le fait annuellement sous nos yeux ? Qu'est-ce que cette mère prodigue qui répand à foison les êtres pour les faire égorger les uns les autres, après une orgie d'accouplements, nos espèces restant les seuls combattants survivants ? Ces espèces contemporaines se dévorent bien aussi les unes les autres et il y a cependant un balancement admirable dans leur nombre puisque aucune espèce ne disparait. L'homme seul, l'animal contre nature, a commis le crime de détruire des espèces sans nécessité, par avarice stupide, pour l'amour de la destruction. La Providence va si loin dans ses précautions que dans le pays de neige, la livrée des animaux devient blanche pour perpétuer l'égalité entre l'attaque et la défense. Et ce serait cette même force créatrice qui aurait commis au commencement cette hécatombe d'êtres introuvables !

Je viens de prononcer ce nom ridiculisé de Providence, mais de quel nom appeler le véritable Dieu transformiste, l'auteur des métamorphoses. Ecoutez.

Un jour le Bon Dieu, désireux de prodiguer la vie sur cette terre qui fut son œuvre, vit que son soleil desséchait pendant l'été les gentils petits aquariums où grouillent tant d'êtres vivants, sur lesquels viennent s'ébattre les lourds insectes si légers dans leur vol, les papillons, les libellules avec leur large drapeau indiquant leur nationalité. Ceux-ci avaient subi les rigueurs de l'hiver qu'ils avaient surmontées, grâce au concours du végétal ami, auquel ils confieront encore leur famille ; ils ont l'espace et l'air, la race n'est pas en péril. Mais l'animal aquatique ? Il va périr dans la mare desséchée, comment le sauver, comment sauver sa race ?

Eh bien ! soit, transformons vite. L'aquatique deviendra terrestre, le végétarien carnassier. Et en effet, voilà les branchies qui s'atrophient, la queue nageoire qui se résorbe, le bec qui tombe, les pattes qui poussent ainsi que les mâchoires, les poumons surviennent, l'intestin se raccourcit, et en quelques jours la force transformatrice a produit le prodige, pardon ! la transformation du vulgaire têtard en la coassante grenouille.

Quel changement à vue ! et la cause du monde mettrait des siècles pour transformer ses espèces ; et le milieu donnerait la vie quand ici il va donner la mort, si la prévoyance créatrice ne modifie l'être tout entier.

Maintenant la sécheresse peut arriver. Au fond de la vase, avec ses poumons, la chétive pécore attendra dans un engourdissement bienfaisant que la saison favorable revienne, pendant que l'anguille, plus agile, ira chercher un cours d'eau, à plusieurs lieues de sa demeure, sans jamais se tromper de chemin pour aller au plus court.

Voyons, n'est-ce pas insensé de faire intervenir le milieu comme Dieu du jour ? Ces transformations annuelles étaient prévues pour permettre à un être de traverser les saisons défavorables, de lutter au contraire contre la mortelle influence du milieu : froid intense, absence du végétal ou de l'animal qui par prédestination doit servir d'aliment à l'espèce.

La grande cause prévoyante et intelligente n'avait donc pas besoin de milliers d'années pour façonner de nouveaux êtres et les harmoniser avec tous les milieux. C'est votre théorie qui en a besoin pour engourdir la raison.

Le hanneton ronge-racine, l'éphémère sous son galet, attendent des années le jour de noce dans un ciel sans nuage. Les fourmis, vos amies depuis qu'elles légitiment l'esclavage, ont des ailes uniquement pour ce jour de volupté. Et il n'y aurait pas une cause finale pour rendre plus facile la perpétuité de l'espèce ? C'est l'influence du milieu qui chasserait tous ces êtres de leur milieu souterrain ou liquide pour la région de l'air ? Voyez cette chenille qui vient de ronger la feuille du chêne, elle défile son long fil pour aller sous terre attendre l'heure où elle deviendra maîtresse de l'air. Son milieu était-il la feuille où elle rampait ? non, puisqu'elle devient souterraine et pas par nécessité, car il y a des espèces qui restent transformées sous la feuille. Son milieu était-il souterrain ? non, car elle prend des ailes pour devenir encore plus aérienne.

Mais celui qui franchit tous les espaces, qui n'est le tributaire d'aucun milieu c'est l'oiseau. Logiquement l'hirondelle seule devrait exister, puisque seule elle se nourrit dans l'air, et qui sait où elle va lorsque le soir elle monte en spirale et disparaît. Non, l'aile permet au contraire d'aborder tous les milieux, mais pas indifféremment. Chaque espèce créera une fonction déterminée qui dénotera sa structure anatomique : il y a chose voulue et non de hasard ou de nécessité, l'un mourra où l'autre doit vivre.

Voici les rapaces, les uns chassent la proie vivante, les autres se contentent de charognes, providentiels agents de voirie ; d'autres sont rôdeurs de nuit aux plumes moelleuses, mais dont le regard ne pourra affronter le jour. Chez les petits, les uns seront granivores, d'autres insectivores ; il y en aura qui pour grimper aux arbres auront deux doigts en avant et deux en arrière. Voilà pour les chasseurs, mais les pêcheurs ? Voyez les échassiers, ces pêcheurs à la ligne, leurs longs pieds dans l'eau, avec leur poche à provisions. Voyez à côté le canard palmé, sondant de son bec trapu les dessous des berges, le martinet effleurant la surface de l'eau. En mer quel beau spectacle que ces mouettes, ces albatros, ces frégates défiant la tempête. Que dire des plongeurs et des pingouins polaires, du coursier du désert, l'autruche, dont l'aile sert simplement de balancier.

L'aile rend bien l'oiseau le roi de l'air, le maître

du milieu, car ne trouvant pas sa nourriture prédestinée au nord, il émigre au sud, pendant que les animaux moins bien partagés s'endorment en attendant la saison favorable après avoir fait provision de graisse, de combustible pour passer l'hiver. C'est le milieu qui les a avertis de prendre ces précautions tutélaires?

Si c'est le milieu qui enfante les êtres, si c'est le processus qui crée sur les rivages nouveaux, pourquoi ne savent-ils plus refaire les espèces détruites par la main de l'homme? Le milieu est bien le même. Messieurs les matérialistes anglais, vos ancêtres viennent de détruire les renards. Il y a un millier d'années le roi Etienne fit détruire les loups, mettez à l'œuvre votre science qui n'a pas d'égale pour créer des races, faites-nous un petit loup, un avorton de renard.

Remarquez d'autre part que nous dévastons des pays entiers par des espèces qui y étaient étrangères. Ainsi le lapin, le chiendent foisonnent en Australie, mieux que dans leur pays d'origine ; pourquoi le milieu ne les y a-t-il pas fait éclore ?

Si ce n'était le désir d'éloigner Dieu et de le chasser du cœur de l'homme, on ne comprendrait pas la vogue d'une théorie qui heurte si ouvertement la raison et l'observation scientifique. Mais il n'y a pas d'autre ressource contre le Dieu providentiel.

Il faut s'entendre sur le mot Providence, il a

deux acceptions bien légitimes ; c'est la cause intelligente qui *Prévoit* et *Conserve* son œuvre. Le matérialiste ne veut pas que Dieu *conserve*, qu'il s'occupe de nous ; il prétend même que rien ne prouve, sur la machine ronde, qu'il daigne y jeter un regard en passant. Si c'était vrai, cela prouverait simplement que son ouvrage n'a pas besoin de retouches.

Mais la Prévoyance, comment pourrait-il la nier, sans se nier soi-même ? Peut-il faire la moindre machine sans en prévoir tous les rouages ? La beauté du monde, l'unité dans la variété infinie, prouvent donc avec la science que la cause première est un *Dieu tout-puissant, intelligent et prévoyant.*

Si vous doutez encore expliquez comment dans le cœur se produit le mécanisme qui bouche en 24 heures le trou de Botal, indispensable à la vie du fœtus, cause d'asphyxie après la naissance. Et la trompe d'Eustache pour équilibrer la pression de l'air sur les deux surfaces de la membrane du tympan ; et puis, et puis..., tout n'est-il pas science et prévoyance ?

Terminons par un problème sur l'influence du milieu et le transformisme.

Les savants disent que l'Argyronète est une araignée aquatique au premier chef, puisqu'elle vit et se loge dans l'eau, sa nourriture est uniquement composée d'animalcules aquatiques. Elle n'a cependant que des poumons, la voilà obligée de sortir de son milieu, sous peine d'asphyxie ; comment faire ? Sa maison est une véritable cloche à plongeur en soie imperméable, elle la remplit d'air par un procédé que n'aurait pas trouvé l'homme préhistorique.

Elle sort de l'eau, aère ses poils, puis revient dans sa demeure les frotter avec ses pattes pour en faire sortir les bulles d'air, jusqu'à ce que sa cloche soit pleine. Puis quand l'air est devenu irrespirable, elle renverse sa cloche, l'air s'en va, elle la remet en place et puis elle recommence à nouveau.

Pourquoi cette araignée n'a-t-elle pas gardé ses branchies, car vous êtes Neptunien je pense, ou transformé ses poumons ?

ÉTUDE DU MONDE
De quoi se compose le monde.

Le monde se compose de la matière, ce qui est accessible aux sens, mise en mouvement dans l'espace et dans le temps.

Sur notre planète ont surgi, on ne sait quel jour, on ne sait comment, des êtres, végétaux et animaux.

Tout est là, et pour la science il n'y a pas d'autre champ d'observation. Il faut laisser momentanément la Nature, cette expression ambiguë des forces brutes et organisées, en attendant de trouver le nom et les attributs de la première substance, de la première cause.

Pour cela la science n'a qu'un outil, l'observation des phénomènes, de leurs qualités et de leurs rapports, et cela suffit.

L'Espace

L'Espace est inconnu, il n'est accessible que dans ses *rapports* d'un lieu à un autre. Pour notre intelligence, c'est une distance et rien de plus. On soupçonne qu'il est plein de corpuscules capables d'onduler, de vibrer. La théorie actuelle de la lumière, de l'électricité, du calorique l'exige ainsi. La théorie de l'énergie aussi, car elle se base sur les ondulations de l'éther pour expliquer la transformation en mouvement de toutes les forces.

L'existence des atomes éthérés, inaccessible à nos moyens d'investigations, est une hypothèse, mais une hypothèse nécessaire. Vous l'acceptez, nous sera-t-il permis d'accepter la théorie catholique si elle rend compte de tous les faits d'observation qui concernent les rapports de l'homme avec la cause première ?

Le temps

Quand a-t-il commencé, quand finira-t-il ? On le reconnaît par le *rapport* de la durée d'un mouvement à un autre. La durée de l'évolution de la terre sur elle-même, divisée par 24, nous donne la mesure du temps et c'est tout. Le temps, c'est la durée des choses. Comme pour l'espace, l'esprit ne saisit que des *rapports* de durée et de distance. Mais quel admirable parti en tire la raison en découvrant les lois de ces rapports. Ce n'est rien moins que la science des nombres et des formes, les mathématiques et la géométrie.

Pour arriver à des résultats si élevés, voyez quelles notions sommaires fournissent les sens : les chiffres, les signes et la ligne.

Espérons en notre raison qui franchit ainsi les degrés de la matière, et se lance d'un pied sûr dans les régions de l'abstraction.

La matière.

La théorie régnante sur l'univers est celle de Laplace qui fait commencer le monde dans un état de dilatation extrême, sous forme de nébuleuses, pour produire à mesure de la concentration de la matière, des masses, d'abord incandescentes, lesquelles, avec les siècles, vont en se refroidissant, jusqu'à présenter l'aspect de notre lune. Comtemplez-là, privée d'atmosphère par une cause inconnue, elle a l'aspect d'un corps mort figé dans la glace. C'est là le sort des mondes.

Quelle est la cause de cette dilatation, quelle est la cause de cette concentration ; quelle est la cause de cette incandescence puisqu'elle va vers le refroidissement ?

Pour la dilatation, nous ne connaissons qu'une cause, c'est le calorique, pour la concentration, on acceptait encore hier l'attraction ou pesanteur, force inconnue et opposée qui tend à réunir tous les corps vers le centre de gravité en masses sphériques, depuis la goutte d'eau, jusqu'aux systèmes solaires, lesquels n'ont qu'à se bien tenir à distance pour ne pas fusionner en un centre commun. Les bulles de votre café pourront vous démontrer la gravitation.

Ce qui est certain, ce que la science prouve, c'est que toutes les forces de l'univers se transforment les unes dans les autres. Ces forces sont : le mouvement rectiligne, circulaire, ondulatoire; l'attraction ou pesanteur; le trio électricité, lumière, calorique qui ne diffèrent que par leur mode et leur intensité de vibrations; les réactions chimiques ou modifications des atomes dans leurs combinaisons intimes; le son, mouvement ondulatoire des corps pesants.

Toute théorie à part, prenons pour preuve un fait vulgaire, c'est la chûte d'eau, qui est bien une force d'attraction ou de pesanteur et avec laquelle l'homme broie son grain, fait de l'électricité, puis du calorique, de la lumière, et avec ces dernières forces, toutes ses réactions chimiques. Ses machines en grinçant perdent même une parcelle de leur force et produisent du son. Voilà bien toutes les forces de la matière réunies. Elles se transforment sans rien gagner ni rien perdre de leur énergie; au moins est-ce encore admis.

Il est cependant utile pour la clarté des faits à démontrer, d'avoir une idée sommaire de la théorie actuelle qui transforme toutes les forces en mouvement, et fait jouer le principal rôle aux ondulations ou vibrations de l'éther.

L'espace immense est rempli d'atomes intangibles dont nous ne connaissons l'existence que par les ondulations qu'ils subissent sous l'influence de cette triple force: électricité, calorique, lumière.

Ces atomes remplissent aussi les espaces intermoléculaires, et les phénomènes de dilatation et de concentration des corps attribués au calorique ont pour cause le plus ou le moins d'amplitude des ondulations éthérées dans ces interstices. Quand leur vibrations diminuent d'amplitude à la surface d'un corps (refroidissement de l'air ambiant), les atomes éthérés intermoléculaires se mettent à l'unisson de proche en proche et les molécules se rapprochent (refroidissement de la masse). La réciproque a lieu quand le corps s'échauffe.

Ce mouvement ondulatoire peut se transformer en mouvement extérieur sensible. En effet, on sait que l'électricité est le plus délicat de nos moteurs; les ondulations du calorique dans la vapeur d'eau comprimée, produisent aussi le mouvement par leur détente. On sait quelle quantité d'électricité, de calorique il faut pour tant de kilogrammètres. La transformation est donc mesurée et on admet qu'il n'y a ni perte ni gain.

Par contre, le mouvement ondulatoire et le mouvement sensible ou rectiligne peuvent disparaître à un moment donné (chaleur latente, mouvement potentiel), on pense qu'il se transforme en mouvement circulaire au sein des molécules.

Cette théorie va même plus loin et les états des corps, les réactions chimiques s'expliqueraient par le jeu d'attraction et de répulsion entre les atomes matériels et les éthérés, dans ces espaces où jamais l'œil de l'homme ne pénètrera probablement.

Quant à la pesanteur, elle serait due à la poussée, au refoulement des atomes matériels par les éthérés. Tout ainsi dépendrait des transformations du mouvement : rectiligne quand il est sensible dans les masses, ondulatoire dans l'espace, circulaire entre les molécules ; y produisant même des actions d'attraction et de répulsion.

Si j'ai mal interprété cette théorie dont on ne prodigue pas les détails, peu importe, car quelle que soit la théorie qui rendra compte de l'unité de cause bien réelle dans la transformation équivalente de toutes les forces, trois faits seront toujours vrais.

1° IRRADIATION DE LA CHALEUR.

Le fait caractéristique de l'impuissance de la matière, c'est de ne pouvoir retenir le calorique à sa surface. Le calorique a, en effet, la tendance constante à fuir les corps matériels, par irradiation d'abord, et en plus, à les faire descendre de l'état gazeux à l'état liquide, de l'état liquide à l'état solide, parce qu'ainsi il se dissipe, il échappe à sa prison. Cette tendance ne pourra s'arrêter que lorsqu'il y aura équilibre de température avec l'espace.

Nous savons déjà que sur les hautes montagnes où l'air est raréfié, la vie végétale et animale devient impossible ; tout est glacé, à plus forte raison, au-delà de tout atome matériel.

Aucune théorie ne peut montrer comment ce calorique perdu dans l'espace pourrait être restitué aux atomes matériels pour reconstituer des mondes.

Dans la théorie du mouvement, les ondulations des atomes éthérés intermoléculaires ont une tendance constante à diminuer leur amplitude pour se mettre à l'unisson de celles de l'espace (équilibre de température). On ne voit pas davantage quel jour ces atomes se mettraient en révolte contre leur tendance originelle au repos relatif, pour exagérer leurs vibrations dans les corps où ils sont emprisonnés.

Donc le mouvement ondulatoire actif (chaleur sensible) doit arriver fatalement à un mouvement ondulatoire insuffisant pour la vie et même pour les réactions chimiques de la matière. *L'état naturel des corps est un refroidissement successif impropre à la vie.*

Nous pouvons maintenant déduire de cette conclusion les deux autres propositions.

2° REPOS, IMMOBILITÉ DE LA MATIÈRE.

La tendance de la matière est le repos sensible, l'immobilité. D'elle-même elle ne peut se remettre en mouvement, c'est l'inertie. Donc quand on nous parle de calorique latent, de mouvement potentiel, cela ne veut pas dire que d'eux-mêmes ils peuvent redevenir actifs. Non, ils seront éternellement passifs si une force étrangère ne vient leur donner la vie, l'activité, ce sont par elles-mêmes des forces mortes.

Quand la matière est solide et glacée, tout le monde le sait, elle est impropre à la vie. Ce qui dans la pratique peut faire illusion, ce sont les réactions qui se produisent encore sur notre globe, grâce à l'énergie du soleil, emmagasinée chaque jour par notre atmosphère et qui force nos atomes à se mettre en danse. C'est ce jeu savant qui constitue la vie et les harmonies de notre monde. Quand le soleil ne donnera plus, adieu la vie, le mouvement. Notre énergie est depuis longtemps insuffisante à la surface de notre planète.

3° RÉUNION DE TOUS LES ATOMES MATÉRIELS EN UNE SEULE MASSE.

Enfin notons l'effet naturel de l'attraction ou pesanteur, ou refoulement des atomes matériels par les atomes de l'espace. Quel que soit le nom, quelle que soit la théorie, la matière toute entière répandue dans l'espace a une tendance constante à se réunir en masses de plus en plus volumineuses. L'esprit ne prévoit d'arrêt dans cette tendance que le jour où tous les astres ne formeront qu'une seule masse solide et glacée.

Malgré la tristesse de ces trois conséquences irréfutables que fournit l'observation scientifique, nous pouvons être fiers de constater à quelle profondeur la science a creusé le problème du monde.

Atomes et mouvement, voilà tout l'univers, la science le dit. Une *substance, une cause*. La science est arrivée à l'*unité*. Gonflé d'orgueil, grand comme Lucifer, l'ange comblé de lumière, le matérialiste dit : pourquoi chercher ailleurs, que m'importe le Dieu surnaturel, la force seule existe, il n'y a dans l'univers qu'une seule force et c'est assez.

Il est utile de donner des citations. Nous les puiserons dans le petit opuscule vulgarisateur de M. Baffour-Stewart.

Voici une citation :

La matière est invariable et la force seule existe.

On fait une pure fiction géométrique quand on suppose que deux molécules agissent l'une sur l'autre à distance. En réalité, nous ne connaissons que des actions qui ont lieu au contact par la communication du mouvement. Entre les molécules se trouvent les atomes éthérés ; des unes aux autres les chocs se transmettent. La matière demeure inerte et ne fait que se mouvoir du côté où elle est poussée.

La matière n'entre en mouvement que quand elle est poussée et ne perd son mouvement qu'en le communiquant. La cause d'un mouvement c'est un autre mouvement, et comme rien ne se perd dans la somme des mouvements, la réaction est égale à l'action.

Le mouvement c'est la Force *et il n'y en a pas d'autre.* On l'appelle aussi Énergie parce qu'elle existe par *elle-même,* sans augmentation ni perte, qu'on ne conçoit pas quand elle a commencé, ni comment elle pourrait finir, car de sa nature elle est *éternelle.*

Soit, faisons-la éternelle, c'est-à-dire n'ayant pas la puissance de s'arrêter, mais elle est mortelle pour tout le monde, car elle fuit les corps pesants pour ne plus y revenir. C'est l'esclave qui a limé sa chaîne.

On ne démontre qu'une chose, c'est que le mouvement dont on ne connaît pas l'origine, ne s'arrêtera jamais de lui-même, ce qui prouve son inconscience. Celui-là seul l'arrêtera qui lui donna le branle.

Autre citation :

Préface. — « Nous pouvons considérer l'univers comme une immense machine physique et les connaissances que nous possédons sur cette machine physique se divisent en deux branches.

« L'une d'elles embrasse ce que nous savons sur la structure de la machine elle-même, l'autre ce que nous savons sur *la méthode qu'elle emploie pour agir*.

« L'auteur a considéré comme la machine un univers composé d'atomes séparés par une sorte de milieu, et les lois de l'énergie comme étant les lois qui régissent l'action de cette machine. »

Une machine qui emploie une méthode pour agir ! Elle est donc intelligente, car qui dit méthode dit choix, combinaison des procédés ; elle est douée de spontanéité puisqu'elle agit par elle-même ; elle se légifère elle-même, elle a donc une volonté.

Cette machine serait Dieu et il faudrait l'adorer, mais nous avons prouvé qu'en face de la matière inerte, l'énergie ne possède aucune initiative et qu'elle va vers la stérilité dans la mort et le repos.

Lisez à la suite les conclusions d'un autre mécanicien, vous allez voir la matière inventer des systèmes.

« Nous nous résumerons en disant que dans l'état actuel de la science, on est arrivé à ne voir de plus en plus dans la matière que matière et mouvement, tous les deux également indestructibles.

« Il faut d'après cela se figurer dans l'univers une quantité variable d'atomes matériels *animés de vitesses diverses qui se groupent en systèmes* pour former des molécules et des corps. »

Voilà l'atome toujours architecte, car il se groupe en système. Est-ce lui-même qui s'*anime?*

« De l'échange de mouvement entre les différentes masses, il *naît* des forces exprimables en kilogrammes. Ces forces *agissent le long de certains chemins,* servent d'intermédiaires pour transformer les puissances vives en disponibles et *vice-versa.* Ces agents, en variant sans cesse dans leur proportion relative, *produisent* tous les phénomènes de la nature. »

Et ces forces seraient privées d'intelligence et de volonté !

Le maître d'armes disait au bourgeois gentilhomme : « Pour tuer votre homme, il suffit d'un petit mouvement de droite ou de gauche ». Ici c'est mieux, il n'y a qu'à laisser faire le mouvement puisqu'il agit seul dans l'homme machine.

En attendant l'arrivée du train, entrez chez le chef de gare, vous entendrez d'abord un timbre qui sonne tout seul, puis l'aiguille du cadran télégraphique se met toute seule en mouvement, s'arrête brusquement chaque fois sur des points variés, puis tout cesse.

Pouvez-vous nier que ce ne soit l'énergie qui vient d'agir sur le timbre et l'aiguille atomiques ? Non. Voyez-vous celui qui agite l'aiguille et l'arrête sur les divers points ? Non ; ni moi non plus. Si personne ne le voit, ce ne peut être que le mouvement lui-même qui s'arrête ainsi savamment. C'est évident, il n'y a donc qu'atomes et énergie.

M. Baffour-Stewart termine ses citations matérialistes par une démonstration algébrique, et ce n'est pas sans malice, car beaucoup d'ignorants comme moi ne pourront la réfuter.

Souvenons-nous cependant que les savants par $a + b$, démontraient encore hier avec certitude que le chat ne peut se retourner en l'air pour retomber sur ses pattes.

Assez de théories ! des vérités certaines fournies par la science, il est facile de tirer le caractère, les tendances natives, le tempérament pour ainsi dire de la matière et de ses forces. Il suffit de l'observer :

1° Dans son inertie soumise à la pesanteur.
2° Dans sa cause d'expansion ou calorique.
3° Dans la marche de ses combinaisons chimiques et de ses états.

1° PESANTEUR.

La véritable propriété de la matière, son caractère originel, c'est la pesanteur, c'est-à-dire une tendance réelle ou passive suivant la théorie adoptée, à se rapprocher du centre de la masse et à réunir toutes les masses en un centre commun pour les laisser finalement dans l'immobilité.

Heureusement que des lois règlent cette tendance dont l'effet naturel amènerait à bref délai des conflagrations épouvantables et la fin des mondes.

Il a fallu l'éloignement qui tempère cette tendance et l'artifice du mouvement de fronde, ou mouvement circulaire des planètes autour des astres, pour empêcher leur chute immédiate. Le mouvement de rotation sur elles-mêmes des masses cosmiques doit même modérer cette attraction centrale. Nous trouverons tout à l'heure l'action du calorique en opposition aussi avec celle de la pesanteur, d'où action et réaction cause de tout phénomène.

C'est à l'état liquide que les molécules matérielles, libres de glisser en tous sens, montrent le mieux cette tendance constante à se rapprocher du centre. Lorsque la tendance de la pesanteur est enfin satisfaite, la matière est inerte, c'est-à-dire qu'elle ne paraît plus sensible à l'énergie du mouvement. Il y est en puissance direz-vous, soit, mais ce mouvement sera à jamais stérile, impuissant, s'il n'est utilisé par une cause étrangère. L'eau des mers glaciales ne redevient liquide, puis aérienne, que par l'énergie du soleil. Mais laissez aller la nuée à ses tendances naturelles, la voilà transformée en pluie, la pluie en torrent et la rivière va à la mer, entraînant les rochers et le limon dans ces profondeurs où la matière trouve le repos, comme elle l'a trouvé déjà dans les combinaisons chimiques stables des matières solidifiées qui constituent la croûte terrestre.

Cette tendance constante à l'immobilité, à l'état solide et dans un refoulement central est donc le caractère propre de la matière.

2° CALORIQUE.

Si la matière va à la mort, son énergie y va aussi, car sa tendance naturelle, nous l'avons vu, est de fuir la matière pondérable pour se perdre dans l'espace, suivant la grande loi de l'équilibre de température. Cette immense réserve de force, d'énergie, de combustible étant épuisée, la science ne voit aucun moyen de la renouveler. Les astres une fois éteints ne se rallumeront plus, car la cause qui les a enflammés est aussi anti-naturelle que celle qui a condamné l'inertie de la matière au mouvement.

En présence de deux forces opposées, pesanteur et calorique, l'une concentrant notre planète, l'autre la dilatant ; en présence du mouvement de fronde qui fait opposition à la pesanteur, quel rôle ferez-vous jouer à l'énergie, seul Dieu du monde? une force ne peut se décomposer d'elle-même en deux forces opposées, il faudrait deux énergies, et cependant la science prouve qu'il n'y en a qu'une. Il faut donc fatalement faire intervenir une force supérieure qui dédouble le mouvement.

L'homme produit toutes les oppositions que réclame son industrie, mais à la condition que le mouvement ne soit qu'un simple agent, non un maître agissant par lui-même. Quand cette force éclate, quand elle fracasse, ce n'est pas de son initiative, non certes! C'est que l'homme a méconnu les lois inexorables qui canalisent ses effets. Ce n'est pas le mouvement qui a été le maître contre l'homme, c'est celui qui a soumis à des lois et l'homme et la matière.

De même donc que l'homme met des mouvements en opposition, de même c'est une cause supérieure, maîtresse du mouvement, qui en dirige l'énergie.

Nous avons montré que l'une de ces deux forces, l'attraction, pesanteur, refoulement est naturelle à la matière, l'autre, lui étant opposée, n'a donc pu être qu'étrangère. Donc l'expansion du calorique et le mouvement de fronde des planètes dans l'espace, sont le produit d'une main inconnue, et il n'est plus permis de dire que l'énergie se suffit à elle-même, qu'elle est Dieu.

Prenez-vous la théorie des ondulations; expliquez comment, aux premiers temps d'incandescence, elles vibraient sur un ton si aigu autour des atomes pondérables, alors que leur tendance constante est de se mettre au grave diapason du froid de l'espace.

Si ce sont les atomes éthérés qui refoulent et balayent les atomes matériels dans l'espace, comment les malheureux se trouvaient-ils au commencement mêlés à des voisins si peu hospitaliers ?

Qui a enflammé les astres, qui les a lancés dans l'espace, alors que leur tendance naturelle est le refroidissement et le repos ?

Vous convenez vous-même qu'ils sont tous appelés à mourir et que vous ne savez pas comment ils ressusciteraient. Un choc redonnera du calorique à notre planète, dit Flammarion, et quand ce calorique sera épuisé ?

Il y a donc une cause immensément puissante qui a fait tressaillir la nature en lui distribuant au commencement des temps, chaleur et mouvement.

Voyons-là prodigieusement intelligente dans l'emploi de cette énergie, de cette immense réserve de combustible ; voyons sur quels principes marche la machine du monde. Ces principes s'appellent lois. Nous ne nous arrêterons pas aux effets admirables des lois astronomiques, physiques et mécaniques que l'homme découvre à l'aide des sciences abstraites révélées à l'homme seul pour l'initier à la volonté créatrice et directrice. Les notions chimiques suffiront.

3° PREUVES CHIMIQUES.

Nous venons de voir le monde dans l'unité de forces, nous allons le voir dans l'unité de substance.

Toute la matière terrestre et les aérolithes se réduisent à environ soixante-quatre corps jusqu'ici indécomposables. Les raies du prisme prouvent que tous les astres ont des atomes semblables aux nôtres. En même temps leur lumière identique à la nôtre prouve qu'ils subissent la même énergie. Ils ont les mêmes réactions chimiques, car leur lumière nous photographie leur image.

De même qu'on a réuni en une seule toutes les forces, de même on espère unifier les substances en faisant dériver tous les atomes de l'hydrogène, le plus léger, avec lequel on constituerait tous les autres. Cette conclusion est logique puisque tous les atomes ont entre eux des rapports mathématiques constants en poids et en volume, qu'ils sont frères.

L'unité de substance et d'énergie est donc bien constatée.

C'est dans leurs combinaisons chimiques que se révèlent les rapports qui existent entre les atomes; soit qu'ils s'associent un contre un, deux contre deux, contre trois, contre quatre, rarement un plus grand nombre. Car c'est toujours par des combinaisons très simples que les atomes s'associent et qu'ils font ainsi tous les corps bruts et tous les êtres, plantes et animaux, avec leurs tissus, leurs organes, leurs liquides et leurs germes.

Un poids, un volume en plus ou en moins dans une combinaison, et voilà un corps tout différent. Rien que pour les combinaisons du carbone et de l'hydrogène, on peut dresser une sorte de table de Pythagore dépassant dix équivalents de chacun et donnant par conséquent plus de cent corps différents; gaz des marais, éthylène, acétylène, benzine naphtaline, etc.

Vous connaissez tous quels faibles équivalents d'eau il faut déplacer pour faire du sucre avec les fécules, pour changer le sucre en vin et le vin en vinaigre, pour faire même de l'éther.

Trois corps simples pour les plantes, quatre pour les êtres vivants, saupoudrés d'une dizaine de minéraux, suffisent pour tous les êtres de notre planète; et même ces trois ou quatre convergent tous ici bas vers un seul, le carbone, le diamant, qui peut servir de blason à notre planète.

Que de choses admirables le grand artiste doit faire avec les 63 autres atomes dans les autres mondes, pardon, je dois dire l'énergie. Ajoutons que chaque atome, que la plupart des molécules, peuvent passer par les trois états gazeux, liquide, solide et présentent dans chacun de ces états des propriétés et un aspect particuliers.

Voilà par quel procédé tout a été fait. Une dizaine de jeux de 64 cartes, chaque carte du jeu représentant un des 64 atomes, suffiraient pour noter toutes les combinaisons chimiques de notre planète avec leurs relations en poids et en volume. Quelle simplicité admirable dans des effets si variés que l'homme ne les a pas encore tous dévoilés.

Donc quel que soit l'auteur des combinaisons chimiques, il est infiniment intelligent, infiniment savant.

Quel est le véritable rôle de la matière, de la force dans ce jeu si savant et si simple des combinaisons chimiques? Il est tout contenu dans cette règle générale à toutes les combinaisons :

C'est que dès la naissance des mondes, à partir des températures les plus élevées, à mesure que le calorique diminue, en se perdant dans l'espace, les combinaisons deviennent de plus en plus stables, pour aboutir un jour à l'immobilité dans le refroidissement général. *Jamais la nature ne remonte le cours descendant de ses combinaisons, elle ne reprend jamais du calorique.* Bien plus, entre deux combinaisons possibles, celle qui aura lieu, sera celle qui dévalera le plus vite vers le repos.

En sorte que si l'énergie avait eu la possibilité de suivre ses instincts, nos astres auraient été de magnifiques soleils de feux d'artifice qui rouleraient dans l'espace, refroidis et sans vie.

Mais le grand architecte a condamné l'énergie à

se localiser à tant de calories dans chaque état gazeux, liquide, solide (chaleur latente) ; le summum de calories étant dans les corps simples, puis diminuant dans les composés binaires, quaternaires, etc., diminuant aussi des gaz aux solides.

Cette réserve de calorique concentrée dans chaque état, dans chaque combinaison chimique, ne peut se dépenser que dans des circonstances voulues, légiférées et admirablement distribuées pour les transformations, la vie et la pérennité des mondes. C'est cet engrenage des combinaisons chimiques et des états des corps, savamment conçu et exécuté, avec une sage économie de calorique, *par une main étrangère*, qui force la matière et son énergie à faire œuvre utile et féconde. D'elle-même la matière irait à l'inertie, car sa force, les réactions chimiques le prouvent, cherche toujours à prendre le chemin le plus court pour fuir et se dissiper. Ce sont les poids de l'horloge qui se dévideraient en un instant, si l'engrenage se détraquait.

Toute la science, pour qui veut en tirer les conséquences logiques, conclut :

1° A la tendance de la matière vers le repos, la mort.

2° A l'impuissance absolue d'expansion de sa force en dehors des réserves immenses qui lui furent données ; à son irradiation, à sa tendance constante à fuir la matière et a dormir d'un sommeil sans réveil, au balancement lent et monotome de l'espace.

Par les hautes températures de nos fourneaux, et par le refroidissement extraordidaire que nous savons produire, nous pouvons avoir une idée du calorique accumulé dans les astres, du froid intense de l'espace où aboutira ce calorique.

C'est avec le calorique présent encore dans le soleil que se font les réactions sur la terre. C'est avec le calorique accumulé par la plante dans le charbon et dérobé au soleil, que nous forçons l'énergie à travailler de nouveau à notre profit, à repasser par des réactions chimiques longtemps abandonnées à la surface de la terre ; à rendre incandescents le fer, le cuivre, le platine, les corps les plus réfractaires, car elle est docile et malléable. Nous la dirigeons vers toutes les combinaisons de nos inventions. Et c'est cette énergie vaincue par l'homme qui serait la reine du monde !

Mais cette esclave n'a pu être, dans son immense réserve calorifique des astres, qu'un agent entre les mains du Dieu tout puissant qui sut la créer pour produire les prodiges de ses pensées.

Oui, tout prouve l'action toute puissante d'une cause intelligente. En effet, de l'aveu des princes de la science matérialiste, l'énergie emploie des méthodes, des systèmes ; elle se donne des lois ; elle s'enchaîne. Elle agit en harmonie parfaite par poids et mesures ; tantôt elle se montre, tantôt elle se cache, elle se transforme ; tout cela suivant un ordre inattaquable, infaillible, infiniment savant.

Mais savez-vous que cette énergie mérite véritablement son nom. Elle serait immensément intelligente et puissante, car avec elle tout est fait avec choix, mesure et prévoyance, et rien ne résiste, rien ne bronche depuis la naissance du monde.

Oui, il faut tirer cette conclusion aussi éclatante que la lumière physique. La cause certaine dévoilée par l'étude de la matière est une cause *infiniment intelligente, infiniment puissante*, puisqu'il y a unité de cause; de même ordre que la petite puissance et la petite intelligence humaine, car l'homme a la puissance d'utiliser la matière et ses forces en les détournant de leurs tendances et de leurs fonctions natives, et cela à son profit. Il lui suffit d'emprunter de l'énergie: chute d'eau, vent, calorique, charbon; d'autre part, l'intelligence de l'homme a, dans ses limites, une amplitude suffisante pour découvrir les lois qui enchaînent la matière. Industrie, science, voilà l'homme, voilà ce qui le distingue de toute la nature et le rapproche de Dieu.

L'homme a ces deux facultés: donc, l'homme seul participe à la nature de la cause certaine du monde; seul il a été créé à son image; à lui seul la cause première révèle ses secrets, l'initie aux lois, aux procédés de ses opérations: Vois comme j'ai fait et fais comme moi, à toi seul je révèle ma méthode, à toi seul je souffle de ma raison.

Quelle est donc cette cause certaine? La matière inerte et son énergie enchaînée sont-elles bien la cause intelligente pressentie par la science, comme le veulent les savants matérialistes? Elle serait en même temps la cause et l'effet. Mais le mouvement ne choisit pas, le matérialisme en convient; il n'est pas intelligent, c'est un processus qui avance, agit sans en avoir conscience. Dans cette théorie l'homme aurait alors une initiative que la cause première n'aurait pas?

Qu'à cela ne tienne, il vaut mieux nier la personnalité, l'intelligence, la spontanéité et la liberté humaines que de reconnaître une cause intelligente et providentielle. Et en effet, telles sont les conclusions du matérialisme qui pourrit nos mœurs, en tendant à infiltrer ses conclusions épouvantables dans notre société. Là, les forts, les habiles doivent dominer puisqu'ils représentent l'énergie dans sa plus grande expansion. C'est aux faibles, aux races inférieures à obéir. L'esclavage plus ou moins déguisé redevient légitime. Le sauveur Jésus est mis au tombeau pour la seconde fois.

En nous donnant le pouvoir d'atteler la matière à notre industrie comme un mulet rétif mais dompté, la cause certaine du monde n'a-t-elle pas voulu nous faire élever la tête pour la chercher plus haut ?

Quand vous admirez vos machines dans vos immenses expositions, je vous entends dire, c'est l'apothéose de la matière ! dites donc que c'est l'apothéose de la raison humaine, fille du Dieu qui récompense ses efforts en lui épargnant le travail, en multipliant ses jouissances. Pour cela, il lui distille sa divine lumière et lui fait partager sa puissance sur cette matière obéissante, en attendant de faire participer l'homme à sa béatitude.

Voyez l'inconséquence ; lorsque Dieu découvre au savant ses méthodes et ses procédés, quand le savant découvre un microbe, une maladie (découvrir, ôter ce qui cache); à la moindre invention, (*invenire*, trouver), au lieu d'en rendre grâce à Dieu, il s'enfle d'orgueil et donne à son invention son nom d'homme, comme si ce pygmée à qui Dieu dévoile la nature (ôter le voile) participait à sa création.

Quelle est donc la cause certaine du monde ? C'est celle qui peut opérer le miracle, celle qui peut désenchaîner la matière, en surmonter les lois. C'est celui qui guérit les lépreux, dessèche le figuier, marche sur les flots, arrête la tempête, qui se redonne la vie, et qui après avoir fait toucher la réalité de sa chair, la soulève dans une nuée. Mais vous êtes trop savants pour croire à des faits attestés par des milliers de témoins. Cela heurte votre logique du microscope et du télescope. Vous avez en horreur le miracle parce qu'il renverse votre superbe, il détrône votre raison ; vous le niez de parti pris et vous vous endormez sur cette sécurité que la nature, la bonne nature est immuable dans son fatalisme et complaisante pour toutes vos faiblesses.

Parce que vous ne la voyez jamais changer, vous dites que personne ne la dirige, parce que vos œuvres sont caduques et sujettes au changement, vous voudriez voir du nouveau.

Mais que vaut votre raisonnement contre une cause directrice, intelligente et illimitée dans sa puissance ? La stabilité n'est-elle pas au contraire une preuve que le Grand-Œuvre est parfait du premier jet et n'a besoin d'aucune retouche.

Voici la plus grande preuve d'un Dieu parfait et tout puissant : Une règle immuable dans des milliers de productions, découlant d'un petit nombre de types primordiaux, sur un plan unique, où se reconnaît la main du virtuose qui joue ces milliers d'air variés sans laisser faiblir son génie, ni lasser notre admiration.

Conclusion.

La science de l'homme ne saisit ni le commencement ni la fin des choses, pas plus qu'elle ne saisit les substances ni les causes. Elle ne saisit que des rapports, il ne faut pas lui en demander davantage.

Donc, scientifiquement parlant, personne ne peut démontrer que la matière a commencé ni qu'elle finira. On ne sait pas non plus comment le mouvement pourrait finir, en supposant qu'il ne perde rien dans ses diverses transformations, ce dont on commence à douter.

Mais la science, en étudiant les rapports des phénomènes naturels, montre avec ses certaines déductions :

1° Que les astres, dans leur passé le plus lointain accessible, sont à l'état d'incandescence, qu'ils vont en se refroidissant, et que dans un siècle aussi éloigné qu'on voudra ils sont fatalement appelés à équilibrer leur température avec celle de l'espace, dans un état de refroidissement impropre à la vie. C'est dans les ondulations monotones de l'espace, que le mouvement stérilisera son énergie.

2° Que par l'attraction ou pesanteur, tous ces mondes ont la tendance à se réunir en un centre commun et dans la stabilité, l'immobilité apparente.

3° Que toutes les réactions chimiques montrent leur tendance naturelle à aller vers l'état solide, à dissiper le calorique.

Voilà le vrai tempérament de la matière. Mais toutes ces tendances sont contrariées par une législation savante qui utilise le calorique, comme nous le faisons dans notre industrie, et le mesure avec économie pour chaque état des corps, pour chaque combinaison chimique. C'est ainsi que tout est combiné avec beauté et harmonie par un suprême législateur qui force la matière à faire œuvre utile, au lieu de la laisser s'en aller par le chemin le plus court vers l'inertie et la mort, ses vraies tendances naturelles ; elle ne le prouve que trop sur notre pauvre corps ?

On est donc en droit de demander comment, de sa propre initiative, la matière pourra jamais reprendre à l'espace son calorique transformé : comment une fois solidifiée elle pourra jamais se dilater à l'état gazeux ? La science ne voit aucun moyen. Elle sait trop bien les milliards de calories qu'il faudrait concentrer sur cette énorme masse glacée pour en relancer les atomes dans l'espace.

Dominant les tendances naturelles de la matière, c'est donc une cause supérieure qui l'a dilatée, lui a donné la vie et le mouvement, lui a imposé ses lois.

Voilà l'intelligence de l'homme embrassant le monde d'un regard dans ces magnifiques phénomènes. Armée du flambeau divin des sciences exactes, dépassant le fini, l'espace et le temps, elle saisit les secrets des combinaisons savantes imposées à la matière, elle en définit les lois, elle les utilise à son gré, elle montre la nécessité du législateur.

Elle est donc en droit de conclure : le monde est ordonné, légiféré par une intelligence surnaturelle, une puissance sans bornes, dont l'intelligence de l'homme est la fille, comme la goutte de rosée reflète le soleil. Avec vous, cette goutte réfractaire va s'engouffrer dans le froid océan. Laissez-vous embraser par le soleil divin et il vous emportera dans les espaces de l'expansion, de la joie et de la lumière

CHAPITRE II

LA VIE

La vie est toute entière dans le germe, car le germe transmet les qualités de l'espèce et ses tendances ; la physionomie chez l'homme, l'hérédité, l'atavisme, les maladies qui ne se montrent quelquefois qu'aux générations suivantes, la dartre qui apparaît quelquefois après la trentième année.

La vie du germe peut sommeiller des centaines d'années, comme cela s'est vu en défrichant les forêts de l'Amérique, où apparaissaient alors des espèces inconnues dans la région. D'autres fois la graine conserve ses apparences, ses qualités alimentaires, mais elle ne germe plus à la deuxième, à la troisième année, le principe de la vie y est éteint.

Cette force, comme toutes les causes, est insaisissable et ne peut être connue que par ses effets.

Nous l'appellerons principe vital, sans préjuger son origine. En l'appelant mouvement vital, le matérialiste préjuge que ce principe est fils du mouvement de la matière, ce qu'il ne peut prouver, puisque la génération spontanée n'existe pas.

En dégageant le germe de ses enveloppes et de ses réserves alimentaires, on arrive à constater qu'il est tout entier dans une seule cellule pour chaque espèce, graine ou œuf.

Mais cette cellule ne possède le principe de vie que lorsqu'elle a été pénétrée par le produit d'une cellule vivante étrangère. Il n'y a que deux exceptions à cette loi. La première, que toutes les cellules qui dérivent de cette première germinative pour former l'individu, se remplacent et se multiplient par segmentation. La seconde, concerne la fécondation des animaux les plus élémentaires, quelques protozoaires, dont on ne connaît la reproduction que par segmentation ou bourgeonnement ; mais c'est probablement par ignorance, car pour d'autres semblables, deux classes sur les trois, on a trouvé déjà qu'après certaines évolutions, l'accouplement était indispensable pour perpétuer l'espèce. Tels, dans les espèces familières, les moucherons, les pucerons procréent sans les mâles, pendant tout le beau temps, mais finalement s'accouplent pour fournir la couvée de l'année suivante.

A propos de cette procréation passagère sans fécondation, on vient de publier une observation d'après laquelle l'autofécondation ne serait pas une exception, mais l'acte pur, physiologique, s'il n'était pas entravé. Voici comment, dans l'œuf naissant, pénètre le nucléole d'une cellule voisine, qui vient se placer à côté de l'organe femelle. Pour Balbiani, qui l'a décrit, il représente un élément mâle primordial, capable de produire une préfécondation. Ce qui le prouve, dit-il, c'est que cet étranger suffit pour produire un commencement de segmentation. Cette segmentation continue chez le puceron, chez l'abeille, mais s'arrête à l'état normal, si le spermatozoaire n'intervient pas. La femme n'en est pas exempte, en sorte que l'enfantement d'une vierge serait un acte naturel, physiologique dans sa complète évolution, si le créateur laissait se continuer sa primitive impulsion.

Donc *la loi générale de la vie est qu'elle soit produite par l'union des deux sexes.*

Que dites-vous de cette obligation imposée par le principe de toute vie, purement volontaire, j'allais dire capricieuse pour toute plante, pour tous les animaux ? Il ne s'agit pas ici de différencier des organes pour des fonctions différentes, c'est au contraire forcer deux agents à se rapprocher pour la même fonction. Un processus fatal, inconscient, partant de la simple cellule, de la facile autofécondation, peut-il aboutir à la séparation des sexes qui complique si étrangement la fonction génératrice ?

Cette séparation est complète chez quelques plantes et chez l'immense majorité des animaux.

Chaque sexe est sur un sujet distinct; pourquoi? La science n'en sait rien, mais la Bible répond : Dieu les créa mâle et femelle : et en effet celà n'a pu se faire autrement. Dans la théorie évolutionniste, l'accouplement qui est la règle, devrait être une monstruosité.

Plutarque pose la question, qu'est-ce qui est venu le premier de la poule ou de l'œuf? Nous pouvons répondre, ni l'un, ni l'autre, car si l'œuf vient de la poule, il ne peut être fécondé sans le coq, et le coq ne peut venir de la poule sans l'intervention d'un autre coq. Donc il a fallu que quelqu'un créât ce gallinacé mâle et femelle.

Il ne faut pas dire que la nature était impuissante à simplifier cet acte, chef-d'œuvre et couronnement de la création, puisque chez quelques êtres inférieurs, chez la plupart des plantes, les deux sexes vivent côte à côte dans le même sujet; le pistil dans le même lit royal que l'étamine. La plus grande preuve de la volonté suprême est donnée par le vulgaire limaçon. Là on voit le législateur s'amuser à mettre les deux sexes dans chaque individu; mais au lieu de les faire communiquer, lui qui simplifie tout, il exige tout de même sa grande *loi de l'union des sexes*, qui révèle dans tous les êtres cette plus grande loi divine, la loi de la solidarité, de la famille, de la fraternité, de l'amour! cette émanation de sa Béatitude, de ce calorique divin qui embrase tous les êtres, même les plantes, et qui a sa plus grande expansion dans l'homme, pour que l'homme rapporte cet amour au Créateur, au nom de toute la création. Sacerdoce suprême pour lequel fut révélé à lui seul l'adoration, la prière !

Si l'homme n'était pas déchu de sa pureté primitive, telle qu'il en conçoit encore l'idéal, l'amour et le dévouement ne feraient qu'un avec l'appétit physique. C'est cet idéal que le catholicisme cherche à produire dans le mariage ; tel l'antique exemple de Tobie. Mais l'amour, au lieu d'évoluer vers le beau, court plus que jamais vers l'abject. En sacrifiant l'appétit, le catholicisme centuple l'amour du prochain, tel qu'on le voit chez ses missionnaires seuls.

Il est vrai qu'ils aiment le prochain pour l'amour de Dieu, et comme le matérialisme a le devoir de chasser cette hypothèse, alors il faut forcément faire découler l'amour, et le dévouement de l'appétit physique, de l'instinct et nous ramener à l'animalité. Voici la thèse.

Il y a en nous deux mobiles fondamentaux : la nutrition qui engendre l'égoïsme, la reproduction qui engendre le dévouement, la tendance à produire un *alter ego*, autrement dit l'altruisme ; celui-ci, en développant, en évoluant ses effets, conduit à l'héroïsme, à se sacrifier au prochain.

C'est un savant, rendu chaste par le travail cérébral, qui a créé cette théorie, cela lui fait honneur, mais doit d'autant plus nous mettre en garde contre ces tendances de parti pris, qui poussent les philosophes à méconnaître la pure observation.

Le besoin de la reproduction physiologiquement parlant, c'est l'appétit génésique. Il peut chez l'homme, être précédé, accompagné de l'amour, mais son véritable excitant c'est le plaisir. Si l'homme était de sa nature aussi réservé que l'animal, nous aurions moins à pleurer sur notre déchéance. Mais la vie est une lutte perpétuelle contre cet instinct dévoyé, et les vrais observateurs savent que le véritable amour, le dévouement se développent avec la continence, la chasteté.

Avez-vous songé, puisqu'il faut mettre le doigt sur la plaie, aux effets épouvantables de l'appétit physique ; il va tout droit au sensualisme. C'est le stigmate le plus déplorable de notre nature dégénérée, dévoyée, inclinée vers le mal, révoltée à l'encontre même de l'instinct de tous les animaux.

Demandez à la femme si l'appétit physique la porte souvent à la fécondité volontaire, combien de fois l'homme avisé lui a réclamé le bonheur de se renouveler dans une nombreuse postérité. C'est-il la fécondité qu'on demande aux milliers de jeunes filles entraînées à la prostitution ?

Savants médecins prouvez-nous l'origine animale, instinctive, naturelle de l'onanisme, du saphisme, de la sodomie chantée par les payens, de la bestialité. A peine si la crainte de l'épuisement et de la mort arrête la fureur du sens rebelle ; et cependant Dieu nous avertit, par les maladies honteuses, qu'il n'y a que l'union chaste et fidèle de deux virginités qui puisse donner la certitude d'en être à l'abri ; preuve qu'il punit la promiscuité. L'appétit physique est toujours débordant depuis la première année de la vie jusqu'à la vieillesse la plus caduque ; au lieu de conduire à l'amour, à la fécondité, à l'idéal, au dévouement pour Dieu, pour la patrie, il développe l'égoïsme le plus a' ct et, ce que savent tous les observateurs, la cruauté.

Développement du germe.

Un œuf de poule est composé d'albumine liquide, de granulations jaunes, réserves alimentaires, enveloppées dans une coquille poreuse qui laisse entrer l'air. Avec ce liquide, ce jaune, la chaleur et l'air, le principe vital contenu dans la petite cellule germinative fécondée, transparente encore et inorganisée, va créer toutes les cellules variées, nécessaires pour faire en 24 jours, un poulet plus précoce, plus intelligent que l'homme à sa naissance, car il s'accouche lui-même en crevant la coquille avec l'appendice corné de son bec, qui disparaît après cette savante opération. Il n'a même pas besoin de nourrice car il trouve encore au fond de la coquille un peu de son lait de poule.

Or notez bien que la nutrition dans l'œuf se fait

avant la construction des organes digestifs, la respiration avant les poumons, la distribution des matériaux, avant la circulation. Il a fallu faire le cœur avant qu'il donnât l'impulsion, les nerfs et le cerveau, avant qu'ils présidassent aux relations des divers organes. Ce ne sont pas les tissus et les organes qui créent leurs fonctions, ni l'unité de direction. Le gouvernement vital n'est pas un gouvernement de délégation, c'est un gouvernement d'initiative. Il lui fallait être dans la première cellule de l'œuf pour diriger si savamment au fur et à mesure, le développement du petit poulet et faire les tissus et les organes avant leur fonctionnement. Le gouvernement vital n'est donc pas une résultante, c'est un principe. Il n'est pas le résultat des forces cellulaires, il dirige leur nature propre, les domine et en prévoit toutes les opérations. L'appendice du bec du poulet à lui seul est un prodige de prévoyance ; qui donc gouverne la vie ?

La vie n'est pas une république, c'est un gouvernement monarchique. Rien dans la matière et son mouvement ne peut rendre compte d'une force aussi extraordinaire, de ce pélican divin qui, de ses flancs déchirés, enfante des milliers de générations cellulaires sans périr, sans perdre son unité, son autonomie qui domine et coordonne ce grand nombre de forces cellulaires en organes, en tissus; qui les protège, les répare jusqu'au jour où cet être invisible se retire et tout ce monde tombe en corruption, ne pouvant plus dominer les lois de la chimie minérale.

Comment le matérialisme attaque-t-il cette difficulté ? écoutez sa description de l'œuf :

« L'*Evolution* consiste dans le passage d'un état homonogène à un état hétérogène, elle est caractérisée par la *différenciation* des parties et par la *division des fonctions*.

La cellule œuf unique d'abord se divise en 2, 4, 8, 16 cellules filles, c'est le phénomène de la segmentation qui produit une boule creuse, cavité de segmentation, appelée blastula de blastur, germe.

La boule creuse s'invagine et forme une cavité d'invagination. En même temps que la paroi *se double ainsi elle-même*, les cellules qui sont à l'intérieur ne ressemblent plus aux extérieures. Il faut donc les distinguer par les noms d'ectoderme et d'endoderme, c'est ici la gastrula. »

Vous le voyez, le bonnet de coton déployé, c'est la blastula; quand vous le repliez sur la tête, c'est la gastrula. Aussitôt la portion qui touche votre tête, endoderme, différencie de celle qui voit l'air, ectoderme.

Ce n'est pas plus difficile d'expliquer cette puissance insondable qui multiplie les cellules en une sphère creuse, qui la replie pour adapter la portion invaginée aux portions futures de la muqueuse digestive, et l'extérieure, à toutes les admirables adaptations de la peau; qui met entre elles le système nerveux et la charpente vertébrale, qui resserre le bonnet de coton, comme une bourse en bouche et narines, qui le surmonte de la tête et des sens, qui perfore l'autre bout pour les excrétions.

Mais ces linéaments de l'être, ces adaptations d'un agent cellulaire unique à des milliers de milliers d'actions individuelles coordonnées vers l'organe et ces organes vers le but suprême de la vie. Comment cela se fait-il? Je veux bien que le fil de mon bonnet de coton soit la cellule, mais qui l'a tissé?

Voyez comme c'est simple : « le travail de différenciation continuant, le *feuillet interne donne naissance* à un feuillet moyen ou mesoderme, telle est l'origine du système osseux et nerveux.

Enfin de ces trois feuillets dérivent par une série de différenciations successives, les divers tissus qui en se *combinant* de *façon variée*, composent les organes.

La division des fonctions accompagne la division des parties; la *différenciation qui donne naissance* aux cellules endodermiques et aux cellules ectodermiques de la gastrula *détermine* la séparation des deux grandes fonctions, celle de nutrition et celle de mouvement, celle-ci origine du tissu musculaire.

Enfin ces fonctions se subdivisent elles-mêmes, en même temps que les divers organes se formen des trois feuillets, jusqu'à ce que la division physiologique du travail ait atteint ses dernières limites. »

Voyons, parlons français, c'est-à-dire clairement. Vous constatez que de la première cellule germe, toutes découlent par une multiplication indéfinie, pendant qu'elles sont appropriées à chaque tissu, à chaque organe par une légère différence dans leur structure et leur aptitude fonctionnelle. Mais cette segmentation, cette appropriation, cette différenciation qui la fait? Vous ne le savez pas plus que nous, scientifiquement parlant. Vous constatez un fait et de cette *constatation*, la différenciation, vous en faites un *agent*, *une force*; vous en faites un être qui *donne naissance*, un *Créateur*; un être *qui détermine, une providence*; un être qui produit la division physiologique du travail, *un architecte*.

On appelle cela se payer de mots et ce n'est plus de la science, car si vous restez dans l'observation des phénomènes, vous en escamotez la cause, vous voulez nous faire croire que vous avez déterminé le grand facteur naturel, tandis que vous l'ignorez tout comme nous.

Mais la science constate son existence et on ne peut méconnaître sa nature. Le principe de vie dérive d'une force créatrice, providentielle, éminemment intelligente, d'un architecte.

Continuons: Voilà les tissus et les organes formés; comment évoluent-ils, comment coordonnent-ils leurs fonctions? Voici:

« La différenciation n'est qu'un aspect de l'évolution ; elle se complète par l'*intégration* ou *individuation* qui l'accompagne. En même temps que les tissus et les fonctions *se* différencient, *il s'établit* une dépendance ou *hiérarchisation qui fait de cet agrégat un individu, avec coopération de tous vers le but commun. Chaque individu perd de sa liberté, mais la colonie forme un total de puissance plus grande.* »

Nous voici enfin arrivés à la cellule architecte, intelligente, volontaire, facteur de l'individu. Voyez, elles se soumettent à une dépendance, une hiérarchie pour arriver à un gouvernement national. Les tribus cellulaires ne veulent plus vivre sous la tente, elles vont former des associations ou tissus, des cités ou organes, des usines ou glandes, et la capitale sera sans conteste, le cerveau. Continuons la leçon, c'est merveilleux de simplicité. Maintenant pourquoi y a-t-il évolution ? c'est là en effet le point capital.

« L'évolution, suivant le grand maître, H. Spencer, n'est pas un Processus arbitraire, c'est le *résultat de l'adaptation de l'être aux conditions extérieures*, au milieu dans lequel il se trouve.

Au fur et à mesure que les conditions d'existence se compliquent, les êtres vivants se compliquent aussi. Ainsi c'est le *contraste des conditions qui détermine la fonction.* Voilà pourquoi, dans la gastrula, l'un sera la peau et l'autre le tube digestif.

Voilà pourquoi les organes des sens sont créés par le *besoin que l'être éprouve d'entrer en communication avec le milieu extérieur.* »

Ici, c'est bien le processus, le sourd instinct du monde dont l'homme n'est qu'une manifestation, un épiphonème. Le besoin d'entrer en communication avec le monde, chez ce dernier, est si fort, qu'il l'a porté à construire le microscope, le télescope, lesquels ne sont que des prolongements de ses sens. Ah ! mais, je n'invente pas, cela est écrit.

Voilà la religion nouvelle, elle ne contient aucun mystère. Avouez qu'on en rirait bien si, au lieu de flatter les passions, elle obligeait à la confession et à faire maigre le vendredi !

C'est toujours le mot remplaçant la pensée, le jugement, la raison. *Le milieu, le contraste ne peuvent agir ; ce ne sont pas des êtres, des agents.* Ils sont les conditions qui déterminent les moyens employés par un être intelligent, et ces conditions dépendent des lois imposées à la nature.

Le poids de la pendule a une tendance naturelle à tomber, c'est la loi ; je voudrais le faire dévider assez lentement pour servir à marquer les heures ; il faut que je le mette dans un milieu convenable. Pour cela, j'invente les rouages et j'établis le contraste du balancier qui ralentira et règlementera le mouvement.

Mais il fallait forcément tomber dans l'absurde,

car si le milieu et le contraste n'agissent pas seuls, s'ils ne sont pas une intelligence, c'est Dieu qui adapte merveilleusement, avec une intelligence incomparable, toutes ses créations aux divers modes *que ses lois imposent à la matière.*

Ce qu'il y a de vrai dans l'observation des actes de la vie, c'est que tous les êtres sont formés avec un seul élément : la cellule, atome vivant, sur un plan anatomique et physiologique d'une simplicité admirable qui permet de retrouver dans le développement de l'œuf de poule, les linéaments de tous les êtres qui l'ont précédé dans une savante hiérarchie et où nous puisons la connaissance des éléments du corps humain lui-même, car c'est bien le même architecte qui a tout fait avec les mêmes éléments. Mais quand le poulet a le bec trop courbé pour creuser sa coquille et que le processus le surmonte d'un appendice pointu pour l'heure seule de son accouchement, le processus, le milieu et le contraste sont aussi prévoyants que le bon Dieu!

Plasma.

Le matérialisme obligé de matérialiser le principe de vie et ne le pouvant pas, ne veut pas chercher au delà du Plasma. On appelle Plasma le liquide légèrement visqueux qui *n'existe nulle part en dehors des organismes végétaux et animaux, qu'on n'a pu faire éclore dans aucune circonstance.* Le Plasma, comme la cellule, ne vient pas spontanément dans la nature ; il remplit toutes les cellules et les espaces intercellulaires. On prétend y voir apparaître spontanément des nucléoles qui s'enveloppent de plasma plus condensé ou d'une membrane cellulaire.

Cela suffit pour donner le droit au matérialiste de déclarer que ce liquide préexiste à la cellule, la crée et comme sa composition chimique a un fond commun dans toutes les cellules, ce liquide, c'est Dieu.

C'est en effet la dernière manifestation matérielle de la vie dans l'infiniment petit que l'observation puisse montrer. C'est bien dans un milieu liquide dont les atomes mobiles peuvent se prêter à toutes les combinaisons que devait être produite l'organisation. Les gaz ont la tendance à fuir, et les solides sont utilisés pour fixer la forme et le volume des produits. *Corpora non agunt nisi soluta.*

Comme le cristal microscopique semble naître dans sa solution, l'organisation apparaît sous forme de grains de poussière, *pulvis es*, qui se rassemblent en groupes nucléolaires vivants ; c'est-à-dire que ces corpuscules sont capables d'y modifier leur position respective, ce qui a lieu surtout au moment où il va s'y former un nouvel élément cellulaire. Puis survient, quand c'est nécessaire, une enveloppe osmotique, organisée pour admettre ou chasser les matériaux choisis et la cellule, l'appareil générateur de toute vie, est constitué.

Le plasma contient des matières grasses, albuminoïdes, phosphorées, hydrocarbonées, *des sels* inorganiques, même des ferments solubles. Voilà bien tous les matériaux nécessaires à l'organisation. Il y aura aussi concentré, soit dans le liquide, soit dans la cellule, tout le travail que peut fournir l'animal le plus compliqué : la respiration, l'absorption de l'oxygène, la contraction musculaire, la nutrition, la production de substances nouvelles, l'élimination de produits choisis dans le milieu ambiant, la génération de cellules nouvelles. Il y a même des traces de sensibilité que dénote l'électricité, et de volonté dans la forme que prend la cellule libre, l'amibe, pour capter les corpuscules environnants.

Le plasma contient donc tous les éléments de l'être, tout y naît, tout s'y développe et s'y propage. C'est le sang de la vie, c'est pour lui que le globule sanguin travaille. Mais s'il est le principe vital, si c'est lui qui est la belle intelligence créatrice, le plasma est Dieu et vous renouvelez la présence réelle; il faut lui donner l'intelligence et la volonté! Voyez la cellule germe fécondée, son plasma contient en principe la puissance qui forme et distingue chaque espèce végétale ou animale, l'entretient, la protège, la répare, la propage. Il y a donc puissance, direction, choix très savant, prévoyance, plan préconçu, unité d'action de tous les agents secondaires.

Avez-vous le courage de dire que ce liquide, comme pure matière, simple énergie est cette intelligence organisatrice ? Non, vous n'osez pas, depuis qu'on vous a prouvé qu'aucune solution minérale ne produit de germe, mais comme toujours vous vous payez de mots : le plasma contient une énergie singulière, et cette énergie, vous l'appelez processus. Evidemment ce n'est pas l'énergie de la matière, c'est donc un agent surnaturel, une essence ; mais pour éviter l'être intelligent et volontaire, vous faites du processus un agent instinctif et enchaîné.

Ce qui trompe le savant toujours de bonne foi et le fait tomber dans le matérialisme, c'est que tous les actes physiologiques sont instinctifs, tels que le processus est compris ; c'est que l'homme peut les modifier dans une certaine mesure, comme il le fait pour les forces brutes.

Cela ne prouve qu'une chose, c'est que l'architecte divin a organisé, légiféré, animé tous les êtres, une fois pour toutes, et qu'en nous révélant ses lois et ses procédés, il nous fait partager sa puissance. Mais tous ces actes dévoilent pour cause originelle, la main d'un artiste divin. Il a soufflé de son esprit sur la matière, et la matière vivifiée, esclave de sa volonté, reflète ainsi son intelligence. Comment cela se fait-il ? Nous n'en savons rien, *mais nous ne pouvons nier une action intelligente, et la matière n'est pas intelligente.*

Vous voulez un principe matériel unique agent et vous heurtez le bon sens à chaque pas. Pour transmettre la physionomie et les tendances héréditaires de l'homme, j'admets que le créateur ait voulu que ce fût par l'intermédiaire d'une particule matérielle, un nucléole vibratile parmi les milliards semblables que fabrique l'organe sexuel ; mais quand la tendance héréditaire saute plusieurs générations, où se trouve le nucléole qui la transmet ?

N'est-il donc pas possible d'isoler de la matière, le principe de vie auquel on ne peut refuser le caractère de cette suprême intelligence qui a tout fait dans l'unité ; car c'est la même qui a fait la matière, qui a fait les mondes, puisqu'elle travaille à la vie au moyen de l'atome et de son énergie.

Cherchons chez le végétal où le principe de vie est moins compliqué.

L'arbre en principe est un bourgeon, qui en développant son rameau, produit la feuille, sa fille sédentaire, la fleur dont la graine doit quitter la famille. La tige sert à élever jusqu'au bourgeon nourri d'air, les sucs pompés par les racines. L'arbre est un corail à tige vivante.

Or ce bourgeon, principe de vie, peut être greffé sur un autre sujet, y porter toute son individualité, sans altérer le principe de vie de la tige dont il émane, car à quelle hauteur que vous coupiez cette tige, l'expérience montre que chez beaucoup d'espèces, le bourgeon survient. De même le bourgeon se produit sur la racine. J'ai un ormeau centenaire, dont le chevelu fut coupé à 40 mètres de distance par un fossé et chaque petite racine coupée fit un nouvel arbre.

Le principe vital est donc tout entier dans le bourgeon, dans la feuille, dans chaque graine, dans chaque partie de la tige, de la racine, des radicelles. On pourrait croire qu'il se réfugie dans les extrémités du chevelu ; mais plantez une tige et elle racinera. Donc le principe de la vie est partout et localisé nulle part, mais il est limité par l'étendue de la plante ou de l'animal ; nous ne constatons son existence nulle part encore en dehors de la matière, pendant la durée de la vie ; c'est au magnétisme à prouver que la chose est possible si elle l'est, le catholicisme n'admet la disjonction du principe matériel et du principe immatériel qu'après la mort, et encore pour une durée indéterminée, mais limitée.

Ce principe de vie reste tout entier dans la plante et se trouve tout entier dans chaque bourgeon et dans chaque graine. Il en est de même pour les germes fécondés des animaux. Ce principe de vie se multiplie donc sur place, dans la plante par bourgeon et chez tous les êtres vivants par graine ou germe, d'une manière non interrompue dans la durée des siècles en conservant toujours ses caractères génériques sans mélange ni confusion avec les autres germes quoiqu'en disent, les évolutionnistes.

Observez ce fait opposé au tempérament des forces brutes qui se dépensent en se transformant sans perte ni gain. Le principe de vie possède, lui, une force extraordinaire qui se multiplie en se dépensant.

Aux montagnes Rocheuses, on conserve précieusement des wellingtonias qui ont des milliers d'années. Calculez les milliards de germes qu'ils ont produit sans altérer leur vitalité, sans détruire surtout l'unité de leur principe vital.

Un matérialiste a comparé cette transmission de la vie à une flamme, mais se doutait-il qu'on ne transmet une flamme qu'en dépensant, en dissipant du calorique. Or le principe vital, au lieu de dissiper le calorique en produisant un nouvel être, l'emmagasine dans la graine pour qu'il se dépense ensuite dans la germination.

Le principe vital a donc le pouvoir inconnu aux forces de la matière, d'accumuler le calorique, tandis que l'énergie ne sait que le dépenser.

Mais où le contraste est typique, où il caractérise l'indépendance envers la matière et la puissance de la vie dominatrice de la matière et de son énergie, c'est dans la chlorophylle. Sans ces grains microscopiques contenus dans la feuille, pas d'organisation, pas de vie possible, car les réserves de combustible auraient manqué pour les combinaisons chimiques organiques, qui en absorbent une quantité énorme en calorique latent. Voyez les huiles, les graisses, les essences.

La science avoue que le plasma chlorophyllien *seul* produit l'albumine, la graisse, les matières hydro-carbonées. Il décompose les éléments minéraux, retenez-bien ceci. En effet, seul sur la terre il a le pouvoir d'accumuler les quantités énormes de calories nécessaires pour ces décompositions, que la vie utilise ; tous nos charbons, toutes nos houilles viennent de sa puissance.

Comment cela se fait-il ? c'est bien simple, mais bien inexplicable. La chlorophille décompose l'acide carbonique ; ce que nous ne ferions qu'à des températures énormes, car il faut restituer à l'oxygène et au carbone, rendus libres à l'état de corps simples, leur immense calorique latent.

Cela, l'énergie ne le fait jamais, elle ne revient jamais d'elle-même d'un composé binaire à la dissociation de ses éléments, elle ne prête jamais de calorique. Ce que le soleil ne peut plus faire sur notre terre avec sa chaleur actuelle, la chlorophylle le fait en accumulant ses rayons.

Un atome de diamant ou carbonne cristallisé, mis en présence de deux atomes d'oxygène, le tout pesant 44, dégagent 94 calories par leur combustion et combinaison en acide carbonique. C'est la proportion de calorique qu'absorbe la chlorophylle en décomposant l'acide carbonique.

Donc sans la chlorophylle, plus de réserves calorifiques pour propager et entretenir la vie ; plus de résistances aux tendances mortelles des forces matérielles qui détruisent constamment la cellule au lieu de la créer, et qui brûlent les produits organiques à la moindre occasion. Qu'est-ce qu'un incendie, y a-t-on réfléchi ? C'est la révolte, la revanche de l'énergie qui secoue le joug de la vie, dont elle était l'esclave, et qui revient avec furie à ses tendances originelles. Voyez avec quelle rage la chimie minérale reprend ses droits, comme l'énergie se précipite à la destruction des réserves organiques, à dépenser le calorique latent accumulé, à revenir à des combinaisons stables, cendres et acide carbonique, voilà sa vraie tendance.

Le mouvement ne produit donc pas la vie, son calorique est simplement utilisé par elle pour ses multiples opérations, comme nous faisons dans nos laboratoires ; c'est l'opposé, sa tendance est de produire la mort. Donc, le principe de la vie ne relève pas de l'énergie de la matière, il n'est pas matériel non plus, puisqu'il n'est pas possible de le localiser dans la plante. S'il n'est ni matière, ni énergie qu'est-il donc ? L'homme ne peut que l'appeler essence, de esse, *être.* Ce principe reflète tous les caractères que nous reconnaissons aux esprits, aux intelligences, aux êtres conscients et volontaires, et cela au suprême degré, Voulez-vous des exemples ?

Le goémon.

Une des premières associations cellulaires que produisit, dit-on, la nature matérialiste au sein des mers primitives, fut l'algue, mieux connue sous le nom de varech, goëmon, dont les vagues arrachent les frondes, et les rejettent sur les plages où on les cueille pour faire de l'engrais, et mieux pour en extraire la soude, l'iode.

Il y en a de très longues, de très belles, admirablement vernies; les Arabes à Cordoue ne savaient donner au cuir un éclat, une solidité, une souplesse pareille. Ce sont de grosses cellules accolées les unes aux autres, sans autre appareil, et fonctionnant chacune isolément au contact du liquide ambiant.

A en juger par l'iode et la soude que nous en retirons, chaque cellule a la propriété d'extraire, de filtrer, peut-être même d'élaborer par des procédés de chimie organique, ces minéraux que notre industrie aurait de la peine à extraire directement de la mer, sans faire intervenir de nombreuses réactions chimiques et beaucoup de calorique. Le végétal, lui, a le secret d'emprunter le calorique à la mer pour son usage personnel, pour façonner son iode et sa soude. Voilà déjà un art singulier; ces cellules comme nos artisans ont une profession.

De plus, elles accroissent la communauté par des

cellules toujours ajoutées à l'extrémité de la fronde et dans un alignement parfait, vernissées, irisées, perfectionnées à souhait, suivant toutes les règles de l'esthétique la plus idéale.

Mais comme pour les républiques de la Grèce, il arrive un moment où la population trop dense doit aller coloniser au loin. Alors on voit poindre à la surface de la fronde, des cellules modifiées en sphères résistantes, surmontées de rames singulières. On crie le lâchez tout, et voilà l'Argonaute sous-marin ramant contre les vagues et allant aborder sur quelque plage inconnue où cet être infime, se riant de la fureur des flots, implantera ses frêles appendices sur le rude granit, et cela avec une force, avec un art dont l'homme ne serait pas capable.

Quand vous rencontrerez sur le sable ces longues lanières, examinez-les, vous verrez qu'elles sont souvent intactes. A une extrémité il y a un pied très court, ce pied n'a pas lâché le granit; c'est le granit, le dur granit que nos outils entament si difficilement qui a failli, qui a cédé à l'effort de la lame appuyant victorieusement sur ce long levier.

Mais avec le temps ces solides frondes se seraient déchirées contre les rochers si elles eussent traîné de leur propre poids au fond de la mer. La communauté cellulaire s'en émut; elle consulta ses ingénieurs et elle décida que quelques cellules se sacrifieraient et se rempliraient d'air pour soutenir verticalement tout l'édifice.

Et vous croyez que la nature était dans l'enfance quand elle créa le goëmon? Messieurs les savants, essayez d'en faire autant, puisque vous êtes sa dernière incarnation. Vous êtes bien intelligents, bien savants, mais cette nature-là, avouez-le, est sublime d'intelligence, est inimitable.

Quelle prévoyance, quel art pour approprier à la fureur des vagues une herbe saine et vigoureuse qui nourrira les populations marines ; quelle variété, quelle beauté de formes. Le goëmon est aussi parfait que l'homme pour le rôle que le grand architecte lui a dévolu. Car il ne faut pas que les besoins d'une théorie nous éloignent du bon sens. Si un artiste humain venait offrir à notre admiration le goëmon, nous ne pourrions assez exalter son génie. Quelle puissance, quelle intelligence ! diriez-vous ; et vous refusez ce caractère d'intelligence et de prévoyance à la cause inconnue qui a façonné les êtres et a mis en eux les instincts qui caractérisent leur action. Car c'est bien de la même cause que relèvent tous les êtres, la science le prouve. Partout les mêmes éléments, les mêmes procédés.

La cellule elle-même, prise isolément, est dans sa petitesse microscopique une œuvre aussi savante que l'animal le plus parfait. Elle possède toutes les propriétés que nous avons énumérées dans le plasma : elle absorbe, digère, propage, secrète, excrète. Voyez le globule blanc captif, l'amibe libre ; le microbe lui-même est doué de toutes ces fonctions et possède de redoutables propriétés.

Donc, dans la construction des éléments vitaux, il y a le cachet d'une cause première prévoyante et intelligente.

Mais cette intelligence se trouve aussi remarquable dans les fonctions du microbe, de la cellule. Tout le monde sait ce dont est capable le microbe du charbon, de la tuberculose ; le rôle des ferments, de notre globule blanc qui travaille dans le sang à détruire nos ennemis mortels ; chacun a sa fonction qu'il remplit avec intelligence, mais cette intelligence est bornée à la fonction, c'est ce qu'on appelle instinct. Celui-ci se développe naturellement, sans éducation; par opposition à l'intelligence de l'homme qui, lui, avec des instincts très sommaires pour la nutrition et la reproduction, ne sait même pas nager, et cependant est apte à toute fonction par l'éducation.

Ainsi le goémon montrera ses aptitudes constantes, toujours les mêmes dans la suite des siècles. Il n'y aura jamais trace d'initiative, sa cellule fera toujours de l'iode, de la soude; elle se développera sous la même forme, elle se propagera par le même procédé.

L'être intelligent qui l'a construite pour un but déterminé est donc bien celui qui a mis en elle l'intelligence limitée mais parfaite pour accomplir sa fonction. Si l'observation refuse à la cellule l'initiative, le bon sens lui refuse encore plus la puissance, l'intelligence, la prévoyance nécessaires pour coordonner les fonctions cellulaires en tissus et organes pour faire ce tout qui s'appelle une plante, un animal. Or, ces qualités d'intelligence, de prévoyance brillent d'un éclat sans pareil dans la coordination de toutes ces activités. Il y a donc un architecte général qui a coordonné toutes ces activités et leur a donné l'intelligence nécessaire à l'accomplissement de la fonction à laquelle chacune de ces actions est destinée. C'est ce que va prouver l'énumération de ces fonctions.

Si, avec une seule espèce de cellules en communauté, le goémon, le sublime ouvrier fait de si belles choses, combien seront plus merveilleux ses travaux chez les êtres aux fonctions variées, chez l'homme.

Ici chaque cellule est une force en travail dans le microcosme. Les unes font le revêtement extérieur du corps, la peau et les muqueuses, ce sont les cellules épithéliales qui sont modifiées suivant les milieux et les besoins; depuis la peau la plus satinée jusqu'aux grosses écailles des reptiles, les ongles, les sabots, les poils, les plumes. Dans les muqueuses de la respiration, il y aura des cellules surmontées d'un cil mobile pour faire glisser au dehors les muquosités, pour contrarier l'entrée des poussières.

L'invention de l'artiste n'est jamais tarie : une petite modification dans la forme, la densité, l'épaisseur, la composition chimique et la cellule est transformée. S'il vous en manque sur quelque point, prenez-en sur un autre, elles se laisseront greffer, mais elles n'accepteront pas la cellule d'un autre tissu, la cellule osseuse par exemple, et celle-ci ne se transformera jamais en muscle ou en tissu cellulaire ; et cependant vous pouvez y implanter son périoste, il y procréera. Les cellules musculaires vivront et se propageront entre elles, de même les cellules nerveuses, les fibreuses ; les glandes aussi auront une vie et une organisation singulières comme le goémon ; aucune ne ressemblera à celle de l'organe voisin, ne fraternisera et ne pourra être remplacée par l'autre ; ce sont des espèces différentes. Cependant, toutes proviennent d'une seule fécondée, mais ce n'est pas une évolution, une filiation inconsciente puisqu'elles ne s'allient plus ensemble.

Il y aura donc autant de républiques que de tissus, que d'organes, que de glandes. Ce n'est pas fatalité, c'est volonté puisque la cellule épithéliale produit des filles qui se transforment si savamment pour s'approprier aux besoins de locomotion, ou de vol, ou de frottement. Cette dernière accomodation est même très curieuse à observer dans le cor, le durillon, les poches synoviales, l'épaississement de la plante du pied en sabot rudimentaire.

Partout où la volonté humaine exagère un frottement, la république épithéliale mobilise la peau, quand elle le peut, en établissant au-dessous une poche séreuse avec le concours de la république du tissu fibreux toujours prête à venir au secours des autres tissus.

Quand la cellule épithéliale ne peut user de cet artifice, faute d'espace comme aux orteils, par exemple, elle se multiplie, elle se condense, elle se sacrifie pour supporter à elle seule le labeur du frottement et éviter la dissociation de la communauté, la plaie et sa fille l'ulcère qui devient sa honte, car l'ulcère prouve son impuissance à réparer ses pertes. Mais que le frottement anormal cesse, et, comme par enchantement, cor, durillon, oignon, vont disparaître, la république enlève bien vite tout ce blindage disgracieux. Hélas! bien souvent, mais en vain, la république avait délégué auprès du monarque son ambassadeur, la douleur, pour le prier de changer la forme de sa chaussure.

C'est ici où on voit qu'une *providence* protectrice, réparatrice, veille sans cesse. Elle est partout présente, elle lutte partout contre les causes délétères, contre les maladies, les microbes. Elle a ses armées de cellules phagocytes pour le grand combat de la vie. Un os est-il cassé, voilà cette providence en travail. Ne bougez pas, elle va au plus pressé, elle enveloppe la cassure d'une gangue fibreuse et calcaire, appareil provisoire, et quand elle a réparé l'os, en 30, 40 jours, elle voit que cette virole fait saillie, gêne, enlaidit, et elle la résorbe.

Si vous ne croyez pas à la providence du monde, croyez au moins à celle qui sauvegarde votre corps. Si vous n'y croyez pas, vous ne serez jamais un bon médecin, *natura medicatrix*. Dans quelle cellule réside cet être prévoyant, conservateur, qui est toujours présent depuis la première segmentation de la cellule germe, jusqu'à la mort? Et cependant il y est.

Donc les cellules de notre corps sont divisées en classes bien distinctes et cependant quelle simplicité d'accommodation à la construction de tous les tissus, de toutes les glandes, de tous les viscères, de tous les vaisseaux, pour tous les animaux, pour toutes les plantes.

Supposez un verrier soufflant au bout de son long tube de fer une parcelle de verre en fusion. Ce verre sphérique et fermé en bulle de savon, sera l'image de la cellule close. Vous pourrez laisser un goulot pour expulser le produit, il se refermera après. Si vous l'ouvrez par l'autre bout en l'étirant, ce sera un tube, et en les soudant les uns aux autres, vous en ferez des canaux pour la sève, pour des vaisseaux capillaires ; si vous aplatissez la cellule, vous en ferez des carreaux en hexagones avec lesquels vous recouvrirez le derme, la peau, la feuille ; la cellule elle-même fournira son vernis, et vous n'aurez pas besoin de frotteur pour poser la cire. Voulez-vous une grande toile aponévrotique ou articulaire des tendons ou cordages ? La cellule devient souple, s'allonge en forme de fuseau, se colle aux voisines, tout en s'ajustant comme dans un fil de coton, et voilà le tissu cellulaire. Faut-il plus résistant, plus solide, du ligneux, un cartilage, un os ? La cellule va produire dans son sein, avec le phosphore, avec la chaux, avec le silice, la pierre solide ou le tissu élastique demandés.

Donc, avec la cellule tout se fait, tout est possible, elle élabore tous les produits de la vie. Y a-t-il autre chose que la cellule ? En réalité, non ; car le globule, le ferment sont considérés comme des cellules libres. Les microbes, ne peut-on pas les considérer comme des cellules sans enveloppe, dont le noyau nage avec ou sans appendice ? Les spermatozoaires ne sont-ils pas produits par des cellules ? Les microbes plus simples paraissent être des granulations cellulaires en bâtonnets. Donc un seul agent, et par conséquent un seul auteur.

La celllule est apte à tout former dans la nature organisée, au même titre que l'atome forme la nature inorganique. De même que l'atome est passif en face du mouvement, de même cette *force* cellulaire si variée, si intelligente devient passive, *sicut cadaver*, en face d'une *force* nouvelles qui rassemble ces cellules en communautés distinctes : tissus, glandes, vaisseaux, organes. Chacune de ces *forces de centralisation* est autochtone, ne peut être remplacée par les autres. Elles mériteront le nom de *forces organiques* par opposition aux *forces cellulaires* qui sont individuelles et ne peuvent se transformer en aucun autre système.

Mais toutes ces forces ne sont pas aveugles comme les forces matérielles ; elles sont des agents où se révèlent les qualités de l'instinct et leur invention exige une intelligence incomparable.

Prenons une glande, le rein par exemple, préposée à extraire les résidus de tous les organismes qui lui sont apportés par le sang ; chaque cellule est un évier où le sang filtre les eaux ménagères, tous ces éviers instruments vivants, susceptibles de troubles et de maladie, réunissent leurs conduits à ceux de la même rue, vers l'égoût collecteur ; le tout bien ramassé, moitié gros comme le poing, dans une enveloppe bien ouatée, dans l'épaisseur des flancs, à l'abri des chocs et du froid. C'est bien pour la défense, mais il faut déverser au dehors ces liquides malfaisants qui ont perdu la vie, qui relèvent maintenant de la chimie minérale, des forces brutes. Un jour de retard peut entraîner la mort, le principe vital serait vaincu, empoisonné par les forces brutes. Ce calorique, cette énergie que les matérialistes lui donnent pour père, ne le sauverait pas, non, elle le tue.

La cité déclare donc qu'il faut conduire au loin cet égoût collecteur et établir un grand réservoir sur le trajet avec un robinet, pour ne répandre au dehors les ordures, qu'en temps opportun.

Vous savez, Messieurs, avec quel art vos ingénieurs ont exécuté une vaste canalisation souterraine pour entraîner les ordures parisiennes. Croyez-vous qu'il y ait moins d'intelligence dans l'organisation cellulaire des reins, que le service de la voirie y soit moins bien fait ? Il y a donc dans cette glande une administration et un directeur très savants, je vous assure.

Que direz-vous de cette canalisation générale du sang pour apporter à ces millions de cellules ouvrières, dans des cellules voyageuses, tout le nécessaire au travail si varié de chacune : oxygène et sels minéraux, carbone calorifique, azote grand fabricateur de chair ; le tout déjà vivifié une première fois par le travail des plantes. Il faut en plus que le globule sanguin apporte l'acide carbonique asphyxique à la grande cité pulmonaire, machine aspirante et soufflante dont les grands fourneaux ne doivent jamais chômer, pas plus que les pompes jumelles, aspirantes et foulantes, cité du cœur, qui font circuler la vie dans tous les recoins de ce microcosme.

Mais au sommet de l'édifice sont les sens braqués de tous côtés, comme les instruments d'un observatoire. Et quels instruments vivants, quelles cités cellulaires inimitables, prodige de conception, où le processus des matérialistes aurait été autrement intelligent, au commencement des siècles, que dans l'industrie humaine, où il prend tous les jours possession et connaissance de lui-même, dit-on.

A ce sommet réside la cité capitale, la grande association cérébrale, pour laquelle toutes les autres travaillent, qui fait briller les aptitudes de l'espèce, qui y concentre les instincts chez les animaux, et qui, chez l'homme, par un alliage mystérieux et incompréhensible, vit d'une vie commune et solidaire avec la pure raison, émanation divine s'il en fut.

De là partent les fils télégraphiques qui transmettent les ordres à toutes les provinces et qui en reçoivent les communications sensitives. Celles-ci peuvent opérer sur place, sous le contrôle cérébral; en arrêtant leur communication à un poste intermédiaire ou ganglion, qui envoie directement l'ordre au système musculaire. Mais un fil téléphonique relie le ganglion à la capitale.

Donc, dans un cas de peu d'importance ou très pressé, la décision est prise sur place et une dépêche réflexe envoie immédiatement l'ordre d'agir : Un soufflet ! dit la joue, ordre réflexe au poing de riposter ; pendant que les téléphones de la station joue, et de la station poing, transmettent en même temps l'attaque et la riposte au pouvoir central.

Pour donner toute liberté à *l'action spécifique du cerveau où réside la volonté, le centre de l'action organique du gouvernement vital est séparé*, il n'est pas dans la tête, il est au centre des organes vitaux;

entre le foie et l'estomac, le pancréas et la rate, touchant en haut au cœur et aux poumons, en bas aux reins et aux intestins, en arrière à la moelle épinière. De là il s'étend jusqu'au cerveau lui-même, pour entretenir les communications indispensables entre la volonté et l'action du gouvernement vital qui en troublerait les fonctions.

La volonté possède cependant un réseau téléphonique spécial, le pneumo-gastrique, pour communiquer ses ordres bien limités aux grands centres organiques.

Il existe donc deux centres d'action qui réunissent sous leur commandement, l'un, tous les agents de la vie, l'autre, tous les actes de la volonté. Ces deux centres d'action sont donc distincts entre eux et distincts aussi de tous les sous-ordres qu'ils dirigent et qu'ils dominent; et le tout ne fait qu'un, ce que les siècles ont appelé du nom d'*âme*, *anima*, souffle, esprit, substance immatérielle. Ces agents singuliers, ces principes d'action ne peuvent relever des forces matérielles puisque nous avons prouvé que le principe de vie est immatériel ; il mérite le nom d'essence et c'est tout. Mais comme ils relèvent tous d'un plan commun d'une direction unique, il y a donc à la tête de tous les êtres, une essence, une cause première qui a combiné la matière et son énergie avec chaque principe vital.

Chez toutes ces essences, avec la cause première au sommet se dévoile la sublime faculté que nous

appelons intelligence, initiative, prévoyance ; mais
le matérialisme refuse à la cause première l'initiative, la prévoyance d'un Dieu tutélaire.

Cependant le principe vital centralise toutes les
fonctions des tissus des organes. Il préside à la circulation du sang, des lymphatiques, aux fonctions
des sens, de la digestion et de la reproduction ; il
répare par le cal, par la cicatrice ; il lutte contre
les ferments et les microbes ; contre le poison qu'il
élimine : il maintient la chaleur de 35 degrés par
un prodige de physique et de chimie. A la naissance il ferme le trou de Botal, lequel était indispensable pour faire communiquer les deux cœurs
pendant la vie fœtale et serait maintenant cause de
mort s'il persistait.

Comment peut-on nier la prévoyance, l'intelligence dans la coordination de tous ces actes ? Mais
qui est donc cette sublime intelligence qui dispose
notre corps avec cet art singulier, mettant partout
dans la vie l'empreinte de son génie ? Y est-il substantiellement, les organismes sont-ils les organes d'un Dieu ; Dieu est-il la cellule, le plasma ?
Non ! ils n'en sont que les produits, les œuvres
admirablement coordonnés une fois pour toutes.
Les agents qui animent la cellule, les organes ; les
centralisateurs organiques, graines ou germes, sont
instinctifs, c'est-à-dire bornés dans leur capacité,
dirigés vers un but déterminé, n'ayant de l'intelligence et de la volonté que dans ces limites, et

constitués d'avance une fois pour toutes avec la faculté de se perpétuer. Voilà la seule manière d'interpréter l'observation.

La preuve que l'architecte divin ne fait pas de retouches, qu'il n'est plus là pour s'opposer à tout venant, qu'il ne dirige que de haut par sa providence, qu'il ne prodigue pas le miracle, c'est que la force organique peut succomber à l'accident, à la maladie, à des causes perturbatrices. Ainsi dans l'élaboration de l'être, elle peut produire des monstres. Nous pouvons les produire nous-même à volonté en portant le calorique nécessaire à l'éclosion de l'œuf sur un point déterminé, au lieu de le répandre sur toute la surface. Le trou de Botal peut ne pas se fermer.

Mais si l'architecte n'est plus là pour défendre son œuvre à chaque instant, s'il n'a pas voulu museler tous ces agents vivants pour les maintenir au rang, c'est qu'il a eu des prévisions plus étendues et vous les enregistrez vous-même lorsque vous déclarez la loi de la lutte pour l'existence, où les plus forts doivent persister pour perpétuer la pureté et la beauté des races. Là où vous vous trompez c'est en prétendant que cette lutte est allée jusqu'à détruire les espèces, ce qui est contraire à l'observation, tant que les conditions géologiques ne changent pas. Il n'y a que l'homme, le fléau de la nature, qui commet ce crime de supprimer l'ouvrage de Dieu.

Conclusion.

Nous pouvons donc maintenant déduire de l'observation la théorie rationnelle de la vie si conforme au bon sens, à l'intuition de tous les peuples. La cause suprême du monde a modelé la matière comme le potier, comme lui elle l'a imprégnée de calorique, elle en a prédestiné la fonction. Comme l'ingénieur moderne combine tous les organes de nos machines, de nos engins de guerre si savants, si compliqués, où brille d'un éclat inouï l'intelligence humaine dans ses prévisions mathématiques ; de même l'intelligence divine a créé les êtres monocellulaires, les plantes, les animaux, non comme des ressorts, mais comme des agents vivants ; et à leur tête elle a créé l'homme à qui elle découvre ses procédés par le labeur quotidien de sa raison, afin de l'élever jusqu'à sa majesté et avec lui toute la nature.

La machine, l'engin de guerre, ne sont pas une partie de nous-même, de notre âme, ils sont notre œuvre ; de même la nature est l'œuvre de Dieu, et ce mot nature, employé comme cause, devrait disparaître du langage, car il est un blasphème. C'est l'outrecuidance, l'ingratitude de l'homme qui en fait la cause suprême, inconsciente, pour cacher son désir d'être son maître. Alors il ne regarde que l'instinct qui limite, la loi qu'il appelle fatalité, et il oublie, il méconnait sa raison qui l'élève au-dessus de l'instinct et de la fatalité.

Quelle différence y a-t-il entre l'intelligence de l'homme et la puissance souveraine ? C'est que l'œuvre de Dieu se perpétue d'elle-même et qu'elle n'a jamais besoin de retouches. Alors au lieu d'admirer la grandeur et la prévoyance de l'artiste divin, au lieu de conclure que sa Providence maintient constamment l'équilibre dans ces milliers de forces et d'activités dont les oppositions concordantes font la beauté et l'harmonie du monde, l'homme écoute le démon qui lui souffle ses sophismes et lui dit : « où est donc ton Dieu, où vois-tu ton maître ? la science ne te montre que la force, tu ne constate que l'instinct, poltron, tu vois donc bien que Dieu n'existe pas ».

Pour prouver qu'une cause première toute puissante est exigée par tous les phénomènes de la nature, il est nécessaire de faire un pas en arrière et de résumer les conclusions acquises sur la matière brute et sur la vie.

Nous avons conclu au chapitre du monde matériel que l'Energie, par ses tendances naturelles de perdre son action vivifiante dans l'espace et de concentrer les atomes, ne pouvait être la cause expansive qui, au début, dilata tous les atomes pour leur faire opérer, à mesure de leur concentration et de leur refroidissement, des combinaisons harmonieuses. La cause dominatrice, qui en législifère les opérations, y retient prisonnière chaque fois une portion du calorique; celui-ci ne recouvre sa liberté que dans des circonstances voulues pour former de nouveaux corps. Cela jusqu'à l'agglomération et la solidification complète de tous les atomes dans un froid glacial, égal à celui de l'espace. Plus d'action ni de réaction, le silence, la mort.

Notre terre devrait être glacée, mais, pour perpétuer la vie, le grand dominateur de la matière, a lancé des parcelles de notre soleil qu'il fait graviter autour du foyer central. Alors notre parcelle, notre terre peut encore perpétuer la vie en empruntant chaque jour du calorique à son soleil, pour les deux grandes circulations aériennes et océaniennes, pour toutes les réactions qui animent et embellissent la nature.

Le grand dominateur se montre aussi inventeur, architecte inimitable, en modelant les êtres vivants, suivant un plan que révèle l'anatomie comparée, avec un seul agent, la cellulle, pour bien prouver l'unité de cause. Il varie ces êtres, plantes et animaux, suivant les milieux et les climats, *mais ne les y assujettit pas*: témoins l'oiseau, les animaux à sang chaud, l'homme.

L'obligation imposée des sexes vient prouver que l'action personnelle de la cause du monde s'est montrée dans la création de chaque être vivant, car il n'y a aucun germe qui précède l'être formé ; et les animaux les plus parfaits ne se conçoivent pas sans plusieurs mois d'élaboration dans le sein de la mère et sans des soins consécutifs.

L'atome vivant, la cellule avec laquelle tous les êtres vivants sont construits, envisagée en elle-même, présente des propriétés que ne possède pas la matière, elle résume même toutes les opérations de la vie.

L'hypothèse que tous les êtres sont dérivés d'une cellule primordiale par transformations successives, serait favorable à l'unité de cause supra-naturelle, mais elle est contraire à l'observation et elle n'est pas nécessaire pour prouver l'origine surnaturelle de la vie.

En effet, les plantes relèvent de trois types primordiaux et les animaux de cinq ; on les trouve en même temps dans les premières couches assez refroidies pour permettre la vie ; et les fossiles ne présentent pas les genres qui rapprocheraient assez les espèces connues pour s'échelonner en filiations successives.

Si le calorique et les atomes sont utilisés par l'architecte pour les besoins de la vie, c'est en contrariant leur tempérament, leurs tendances natives qui sont la dissipation et le repos. Aussi la vie est une lutte constante contre les tendances naturelles de l'énergie. Son calorique la supprime au-dessous de zéro et au-dessus de cent degrés, et il entre malgré lui dans les combinaisons organiques. En effet, la chlorophylle accumule une quantité énorme de calorique solaire pour les opérations de la vie, en même temps qu'elle fournit à la plante son carbone et son oxygène. Pour cela, elle décompose l'acide carbonique, ce que ne fait plus l'énergie sur la terre, car d'elle-même elle ne revient jamais de ses composés binaires CO^2, à leurs éléments atomiques C et O. Nous-même, pour le faire, nous aurions besoin de produire des températures énormes. Il y a donc dans ce fait la certitude d'une cause supra naturelle.

Ainsi, dès que l'on donne l'occasion à la chimie minérale de reprendre ses droits, dès que l'énergie peut revenir à ses tendances naturelles, une allumette suffit, elle ramène tout en un instant aux combinaisons minérales, cendre et acide carbonique.

Il y donc une cause première qui domine l'énergie et l'atome, et s'en sert pour les opérations de la vie. C'est cette cause qui a fait les plantes et les animaux ; c'est elle qui a mis en eux, pour animer et perpétuer leurs fonctions, des agents dont nous ne connaissons pas la nature, mais qui portent son empreinte d'Intelligence, de Prévoyance, de Direction.

L'esprit de Dieu concentre donc toutes les actions de la vie. Il est partout, depuis la cellule isolée jusqu'à l'homme. Il s'y caractérise par les deux facultés surnaturelles, prévoyance, intelligence, combinaison des forces matérielles, pour des créations variées que le creuset du chimiste ne peut produire.

De même que nous mettons de notre prévoyance et de notre intelligence dans les rouages de nos machines, de même il met l'empreinte de son esprit dans toutes les manifestations de la vie et il en règle les usages. Il n'y a donc aucun principe d'action indépendant de l'esprit divin. Les divers principes dirigeants que nous avons décrits dans les plantes et les animaux sont des entités que les nécessités de l'analyse exigent pour distinguer les fonctions, en mettant une essence partout où il y a une cause, une force, qui ne peut se transformer en une autre; aucune ne pouvant être attribuée à la matière. Ainsi chaque cellule prise isolément a des fonctions personnelles; chaque organe, chaque tissu, chaque plante, chaque animal. Toutes ces individualités se subordonnent en un tout parfaitement homogène dans chaque plante, dans chaque animal et la direction est en puissance dans chaque germe, témoin l'œuf de poule.

On ne peut faire honneur au calorique, au mouvement, qui n'a jamais fait une cellule, d'être l'agent intelligent, qui dirige chaque manifestation de la vie ; on ne peut, d'autre part, nier l'existence de ces agents, *ils sont*. C'est tout ce que nous savons, l'analyse scientifique ne peut aller plus loin, puisqu'ils ne sont pas accessibles aux sens.

Sont-ils une portion de l'essence directrice générale, de Dieu? sont-ils en dehors de cette essence comme l'est le mouvement? sont-ils créés; où commence leur individualité? où finit-elle? La science ne le sait pas, puisqu'elle ne saisit pas les causes et qu'ici elle opère dans l'invisible, dans l'insaisissable.

Tous les agents de l'univers dépendent de la cause première que la science montre seule au sommet des deux mondes, le monde matériel et le monde organisé. C'est la seule chose que peut prouver la science. Dieu ne peut être défini que par une révélation.

Si vous voulez partir d'en bas, tout rapporter à la matière vous arrivez à des coupures qu'elle ne peut franchir de ses propres forces ; et comme elles sont franchies cependant, il faut admettre un autre agent que son énergie.

Ainsi si vous faites la cellule, son plasma, créateur prévoyant, intelligent, vous émiettez la souveraine puissance, et c'est la cellule qui fait les organismes et constitue l'unité de l'individu. Il faut alors mettre la cellule architecte dans le couple germe fécondé ; car nous avons montré dans le poulet qu'il préexiste seul à tous les organes dont il est l'unique origine. De plus, les cellules nées de la cellule germinative se distinguent les unes des

CONCLUSION

autres par des races qui ne s'allient plus entre elles. Il faut donc que l'architecte les dirige, les domine, prévoie tout.

C'est effrayant de penser que cette admirable intelligence qui fait un goémon, un rein, un homme est la cellule germe elle-même. Nous autres, pour faire un phonographe, nous avons besoin de mettre en jeu des milliards de cellules cérébrales, mais pour nous faire, une seule germinative suffit. Et elle-même ! comment fait-elle pour transmettre sa science à une autre cellule, reine et directrice, car elle perd son autonomie par segmentation.

Si c'est son plasma, cette réserve en solution de tous les principes de la vie, quel renversement des notions acquises sur les liquides. En voici un qui est intelligent architecte, qui s'enferme lui-même dans des cellules variées pour y opérer des travaux singuliers : chlorophylle, poison, venin, essences parfumées, sucre. Ce liquide architecte déléguera toutes ses fonctions, toutes ses aptitudes, du vivant même du microscome à des gouttes microscopiques qui dans les bourgeons et les graines, dirigeront des milliers de nouvelles existences. Ce liquide architecte traversera même une ou plusieurs générations pour produire l'atavisme si en faveur auprès de nos savants.

Comme tout cela est en dehors de l'expérience du sens commun. Cependant vous persistez ; cela est bien de la science, c'est votre *credo* ? mettons que la chose soit possible. L'architecte divin est présent, substantiel, individuel dans chaque germe dans chaque plasma. Au moins a-t-il fallu au début que les germes des espèces dont chaque plasma est distinct, se soient entendus entre eux pour s'échelonner en familles, genres, classes et arriver ainsi à l'unité de plan, à l'harmonie des êtres. Nos cellules auraient bien dû nous apprendre à manier aussi le suffrage universel et à rendre impeccables nos assemblées constituantes.

Il ne faut pas faire intervenir l'évolution, car cette théorie est contraire à l'observation, en ce qui concerne la filiation des espèces. Jamais la graine du coquelicot ne fera de la moutarde ; le sang même des animaux ne veut pas fusionner entre espèces voisines.

Il n'est donc pas possible de ramener les cellules architectes à une première originelle de toutes, à l'œuf symbolique qui serait le Dieu père de tous les germes.

Cela ne suffit pas, il y aurait encore deux Dieux, le Dieu de la matière organisée, le Dieu de la matière brute, si nous ne ramenons pas la vie à l'unique énergie du monde. Or la science ne peut pas y arriver, elle ne peut chasser les principes immatériels.

Pasteur vous a fait grand tort, mais ne vous plaignez pas. Tout prouve quand même l'antagonisme de la vie avec les tendances innées de la matière. Nous avons prouvé que c'est malgré elle qu'elle fournit son calorique ; la chimie organique est en antagonisme constant avec la chimie minérale qui finit par détruire tous ses produits. La cellule succombe à sa lutte de tous les jours contre la tendance fatale qui arrive à l'anéantir, et elle ne sauve les organismes qu'en appelant toujours de nouvelles légions pour continuer son œuvre, jusqu'au jour où l'essence, l'architecte inclus dans le germe, toujours présent, prévoyant, infatigable, se retire, s'évanouit, vaincu avec toutes ses armées par la mort, la véritable fille de la matière et de son énergie.

Pourquoi la destruction de l'être ? Que devient l'essence, l'âme ? La science ne peut le dire.

Remarquez cette propriété singulière de la force vitale, de se centupler dans chacun de ses foyers cellulaires, de créer des milliers de foyers bourgeons ou germes ; ce qui la distingue encore de l'énergie, car celle-ci ne donne juste que ce qu'elle reçoit.

Revenons donc au bon sens, au sens commun. Il faut acccepter un autre agent que l'énergie du monde ; il faut accepter l'invisible, l'immatériel, les essences, les âmes, les esprits, le tout ayant le cachet, l'empreinte d'un esprit unique, coordonnateur de tous les êtres, de toutes les forces qui, un jour a mis la matière en mouvement et a imposé le travail à son inertie.

Si le principe immatériel de la plante, de l'animal, ne paraît pas avoir conscience, ne sait pas reconnaître son Maître et Seigneur, notre âme se reconnaît bien la vassale de ce grand architecte, car, comme lui, nous forçons la matière au travail et nous lui faisons enfanter des prodiges de chefs-d'œuvres où brille aussi notre intelligence, afin de nous mieux faire connaître celle de Dieu.

Quelle ressource reste-t-il donc au matérialisme? Ah ! quelle tristesse ! Vous venez de l'entrevoir, il peut y avoir, disent-ils, plus que l'Énergie pure, elle peut se dévoiler sous cet aspect que nous appelons Intelligence, mais là elle n'est qu'instinctive, c'est un processus ; car l'initiative, la liberté ne se voient nulle part. Le miracle n'existe pas. Notre moi, notre liberté personnelle ne sont que des illusions. Alors on fait intervenir la philosophie pour ergoter sur le libre arbitre et prouver qu'il n'existe pas.

En étudiant les opérations de la vie, ses maladies, le médecin plus que tout autre a pu voir que, comme la matière brute, la vie est légiférée. C'est ce qui lui permet de prévoir son action, de la diriger, de la modifier. La vie est une intelligence, on ne peut en douter, mais c'est une intelligence enchaînée. Il a fallu un choix admirable de moyens pour faire les êtres, mais ces êtres subissent des lois inexorables ; donc, ils n'ont pas d'initiative va conclure le matérialiste, et rien ne prouve que la cause première en ait. Est-elle aussi enchaînée, inconsciente, la liberté est-elle donc une chimère?

Non, l'instinct de l'animal limité lui-même dans ces manifestations intelligentes, a déjà de l'initiative, de la volonté. Il n'est pas possible d'expérimenter sur sa volonté comme sur ses organes. Vous n'êtes jamais sûrs de le prendre au piège. Cependant il n'est pas doué pour imposer sa volonté à la matière, ni aux autres êtres, quoiqu'on le dise des fourmis.

Mais l'homme est bien mieux doué car il a la puissance d'aller contre ses instincts (il peut être chaste), de modeler la matière, de dérober le feu du ciel, de domestiquer les animaux ; son intelligence a donc une initiative hors de pair dans la nature, quoiqu'il soit obligé de tout apprendre, contrairement à l'instinct de tous les animaux. Et enfin la cause unique du monde ! Qui bornerait son initiative, qui la dominerait, qui la légifèrerait ?

Elle s'enchaîne elle-même, disent nos grands philosophes. Philosophes sublimes, vous enchaîneriez-vous vous-mêmes ? vous qui ne savez pas enchaîner votre raison dans ses limites, car elle ne saisit que des rapports, et vous voulez juger la première substance, la première cause !

Une activité enchaînée n'indique pas une volonté qui se limite. Le bon sens veut que cette volonté soit limitée par une volonté plus puissante ; et quand l'observation montre que toutes ces activités marchent vers un but unique, c'est que toutes ces volontés sont limitées, sont dirigées par un chef, par une volonté unique. Cette volonté est Dieu, car pour commander les forces et les activités de la nature entière, il faut la Puissance et l'Intelligence; pour les coordonner, la Prévoyance, et pour les maintenir dans l'ordre, la Providence.

Notre âme encore bornée dans sa liberté, a la conception de la liberté sans bornes. Notre raison, d'accord avec la science qui révèle la nécessité d'un Dieu unique sans nous le faire connaître, nous force donc à admettre la suprême initiative, la suprême liberté.

Concluons donc que Dieu est non seulement intelligent, ce que vous accordez tacitement au processus enchaîné, mais qu'il est libre et doué d'initiative; c'est la suprême puissance; la suprême volonté, sa Prévoyance est indiscutable.

Avec votre théorie qui nie l'âme et Dieu, vous tuez la personnalité, l'intelligence libre et volontaire de l'homme; il devient une efflorescence, une incarnation, la suprême évolution actuelle du grand tout, auquel il restitue tous ses éléments par la mort totale. Mettons sur sa charrogne beaucoup de fleurs, emblème de ce que ses plus sublimes essences pourront produire dans l'avenir.

Cette théorie homicide, puisqu'elle tue la personnalité, vous plaît-elle, le matérialisme vous a-t-il convaincu ? Il est bien tentant car il déchaîne toutes les passions et met la raison sur le trône d'où elle chasse Dieu. Mais voyez à quelle condition, c'est de rapetisser la cause première pour lui enlever toutes les prérogatives que la raison s'accorde à elle-même, la souveraine décision, la souveraine autorité. Vous voulez être libre en fait et vous voulez que Dieu soit enchaîné !

Sachez-le bien, vous aboutissez partout à un non sens, et vous essayez en vain de chasser la Prévoyance et l'Intelligence de la cause première ; votre processus ne peut s'en passer, alors toute votre théorie s'écroule par la base. La raison conçoit le souverain Maître, donnant des lois à l'Univers, elle ne le conçoit pas enchaîné.

Reconnaissez donc dans les êtres vivants le souffle, l'esprit d'un Dieu organisateur. Quels sont les moyens employés par cette cause première pour animer les êtres, chacun de leurs organes, chacune de leurs cellules et en fixer les fonctions dans des lois et des modes voulus ? la science ne nous le montre pas, puisqu'elle n'atteint pas les causes. Mais elle nous montre avec une évidence écrasante sa haute intelligence, sa sagesse, sa prévoyance, son économie, sa direction et sa domination sans rivale.

L'évolution est une hypothèse anti-scientifique, le processus est une cause irrationnelle, le matérialisme un roman scientifique. C'est une accomodation aux temps modernes de l'antique scepticisme qui ronge les vieilles civilisations et détruit les nations quand le peuple y participe. C'est l'armé actuelle de l'erreur contre la vérité, de l'esprit du mal dans sa lutte séculaire contre le Dieu invincible.

Mais alors les savants sont de mauvaise foi. Oh! non, je les connais trop bien pour leur faire cette injure. Je les vénère, car ils sont adaptés par Dieu à la divulgation de ses chefs-d'œuvres. J'admire leur sincérité, leur abnégation, leur patience, leur finesse à écouter et à suivre le génie qui les guide. Ce sont les interprètes de la Vérité, du Verbe par qui tout a été fait.

Mais plus que tout autre, ils sont sujets à tomber dans les erreurs philosophiques que ne peut contrôler leur méthode scientifique, la méthode d'observation terre à terre. Je leur demande bien pardon de cette expression, mais telle doit être l'observation pour pouvoir se relever avec plus de force comme Antée. La science c'est l'échelle de Jacob, les montants sont l'observation et le raisonnement, les échelons sont les rapports des choses, d'induction en déduction l'homme escalade le ciel, mais beaucoup en descendent; la raison seule montait, le cœur restait en bas.

Alors interviennent les théories lucifériennes, elles chatouillent la vanité et les passions; la raison y succombe au premier pas, car bien peu de savants ont le courage de lire un philosophe jusqu'au bout. Un passage, une affirmation, un mot suffit pour empoisonner la raison.

Hélas ! notre siècle ne nous a pas appris l'art de raisonner dans les abstractions, de reconnaître, de dépister le sophisme. Témoin la facilité avec laquelle tous nos journaux nous sèment l'erreur en faveur de leur parti ou de leurs intérêts.

Notre siècle de lumière est d'une ignorance crasse pour découvrir l'erreur, le sophisme. On dirait qu'on l'a fait exprès, la logique est négligée, tout est à l'honneur des philosophes aimés. Pauvres philosophes que l'orgueil aveugle et que Lucifer mène.

TOME II

—

L'HOMME

CHAPITRE PREMIER

LA PENSÉE

Le Monde, la vie se laissent approfondir par la science, mais l'instinct, mais la raison de l'homme ? L'instinct nous est à peu près inconnu. Il nous est plus facile d'étudier en nous-même notre raison.

Laissons la méthode philosophique et son langage. Si les philosophes qui savent nous flatter sont en honneur, la psychologie ne l'est plus ; elle n'est pas assez *positive*. Eh bien ! comme l'âne qui trotte, comme le commun des mortels, cherchons avec le simple bon sens.

Nous avons vu que l'instinct et la raison humaine avaient leur siège matériel dans le cerveau. Or, la raison se manifeste par la pensée. Il faut donc essayer de saisir comment la Pensée travaille dans le cerveau et voir si MM. Robin et Littré avaient raison de déclarer que faute de mieux, le cerveau doit être considéré comme l'unique facteur de la Pensée, ces messieurs et leurs disciples n'admettant que les choses sensibles. Eh bien, voyons si c'est possible.

La Pensée est le siège de l'observation, elle réside dans le cerveau. Le cerveau est essentiellement composé de conduits nerveux aboutissant à des cellules rameuses, dites cellules grises, cellules pyramidales, qui en occupent la surface, toutes stratifiées uniformément en trois couches, où la seconde diffère un peu de forme des deux autres et c'est tout. Leur composition chimique est la même partout et se fait remarquer par l'abondance des matières grasses et phosphorées.

Les conduits nerveux apportent aux cellules les sensations et transmettent aux muscles le mouvement, après s'être abouchés par leurs rameaux avec ceux de la cellule qui reçoit la sensation. Chaque appareil cellulaire porte le nom de neurone.

On prétend, sans preuves, que ces rameaux peuvent se contracter, dans le sommeil par exemple, et on en fait des êtres vivants personnels qu'on compare à l'amibe, tant on voudrait y localiser la personnalité et y introduire l'intelligence. Nous ne serions plus les fils du singe, mais d'un petit animal miscroscopique, mono-cellulaire, lequel serait aussi le frère du globule blanc qui vit dans notre sang et qui combat le grand combat de la vie.

Pourquoi nier que toute cellule exécute une fonction comme un être vivant? Mais cette fonction est végétante, instinctive si l'on veut ; mais elle ne dépasse pas un travail de sécrétion, d'excrétion, de construction. Tous les protozoaires en sont là. Mettons que notre cellule cérébrale soit la plus perfectionnée de toutes, mais, par analogie nous ne pouvons en faire qu'un instrument, un appareil à réaction, un ouvrier même, si l'on veut, très expert dans sa besogne. Mais nous ne pouvons trouver chez ses pareilles un chef, un directeur, une volonté et une intelligence qui remplirait le rôle de notre âme, avec sa raison, ses passions et son autonomie.

Le cerveau, comme l'intestin, comme l'estomac, comme le foie, la rate... indique par sa structure anatomique que chaque parcelle remplit la même fonction. Donc chaque neurone jouera le même rôle dans la pensée, puisque tous ont la même structure. Nous allons voir que la pensée ne peut se résumer en une seule opération et que d'autre part les troubles cérébraux peuvent provenir de l'unique perversion des fonctions du neurone. Tel est l'appareil qui fait communiquer avec la pensée le monde extérieur et notre propre corps ; et qui, d'autre part, met les muscles en rapport avec la volonté. C'est tout ce que la science peut affirmer. La pensée observe encore les faits qui découlent des passions dont on ne connaît pas le siège. Il y a des faits de conscience dans l'ordre moral et des conceptions encore plus abstraites sur les sciences, sur Dieu ou cause première, sur les relations sociales, sur l'âme, sur la raison elle-même. Pour ces mille opérations de la pensée, la nature vivante ne sait nous montrer que les cellules cérébrales reliées entre elles, reliées à des nerfs conducteurs.

Il est certain que la pensée ne peut se passer de cellule grise, que celle-ci est indispensable pour la parler ou pour l'écrire, mais est-ce la cellule qui pense, ou, comme nos livres, ne sert-elle qu'à inscrire nos pensées, à les parler, à les combiner même si l'on veut? Est-elle la pensée ou l'instrument de la pensée. C'est l'un ou l'autre, tout le problème de l'origine de la pensée est là.

Ceux qui nient de parti-pris le surnaturel, l'esprit, sous prétexte que leur orgueil ne le voit pas, en sont réduits à faire penser la cellule. Mystère effroyable qu'ils sont loin de démontrer. A quoi cela sert-il d'ailleurs pour leur théorie matérialiste, puisque la matière n'a jamais sorti de son sein, une cellule, un plasma. Cela ne peut servir qu'à leur enlever la responsabilité et à les émanciper de leur créateur qu'ils font petit, petit, microscopique.

Nous, d'accord avec le sens commun, nous sommes arrivés à la certitude des substances immatérielles par insuffisance des agents matériels pour créer la vie, à cause même de leur antagonisme avec l'essence de la vie, et par une intuition native, un instinct, qui fait le vulgaire, le genre humain plus savant que le savant.

Mais pour savoir comment la substance matérielle et la substance spirituelle se soudent, s'amalgament, s'unifient dans une seule nature, il faudrait commencer par connaître les substances, et nous ne sommes pas organisés pour cela. Nous ne connaissons pas plus les substances matérielles que les spirituelles. Qui verra l'atome, qui a vu le moteur du mouvement?

L'observation constate des effets, calcule leurs rapports, découvre les lois de ces rapports, et en déduit les causes probables, qui deviennent certaines par leur coordination et leur généralisation, en dévoilant le plan qui les groupa autour d'un principe dont les éléments échappent à nos investigations. Toute la science est là.

Revenons à la pensée de l'homme qui, elle, constate la nécessité, la certitude de l'intangible et qui nous donne le droit de nier la matière, si le matérialiste nie les substances spirituelles, lesquelles ont aussi leurs effets propres dont les rapports concordants portent la raison à admettre des principes, des entités immatérielles.

Quel rôle jouent les cellules cérébrales au contact des nerfs qui leur apportent les images sensationnelles pour les transmettre à la pensée; sont-elles passives ou agissent-elles, et comment, dans le travail de la pensée?

Comment ces cellules mises en contact avec les nerfs du mouvement, reçoivent-elles les ordres du moi pour les transmettre aux muscles ? Voilà autant d'inconnues.

H. Berdal, en 1894, dit : « Si nous cherchons à établir les connexions des éléments nerveux de l'écorce cérébrale, ainsi que la direction des courants nerveux, nous n'arrivons qu'à une série d'hypothèses qu'il est impossible de démontrer. »

L'observation actuelle montre seulement que les nerfs sensitifs et moteurs aboutissent à des cellules qui entrelacent leurs ramifications. Pour le matérialisme, le problème est résolu, c'est la cellule qui sent, pense et ordonne ; c'est aussi simple que cela, et comme elles se ramifient aussi entre voisines et même envoient des prolongements lointains, elles ont la faculté d'associer aussi leurs idées. Car l'image sensationnelle c'est l'idée ! Pauvres spiritualistes, vous voilà enfermés dans la cellule. Voyons, qu'y a-t-il de possible dans ces données ?

Prenons pour type les phénomènes visuels dans l'œil, où l'objet va se photographier sur la rétine et est transmis ainsi aux cellules cérébrales. On appelle image toutes les sensations fournies par le corps et les sens à ces cellules grises. Cela est juste, car il y a toute probabilité pour que les vibrations lumineuses, sonores, électriques des sens, courent le long des nerfs et aillent sensibiliser, photographier, phonographier la cellule grise, qui, de ce fait, devient un appareil à image; moyen indispensable pour concentrer tous les phénomènes porçus dans l'espace si restreint du cerveau, où se trouve emprisonnée la pensée.

La cellule motrice, qui correspond à la sensitive, se prolonge jusqu'aux muscles ; cet appareil n'a besoin que d'être actionné par la volonté pour produire le mouvement. Là, l'électricité joue encore un rôle puisque avec elle nous pouvons contracter artificiellement les muscles. Vibrations sensationnelles, vibrations motrices, point d'union.

Mais qui perçoit, qui agit ? Voilà le problème. Il ne peut être résolu scientifiquement dans l'état actuel de la science. Ce qui le complique c'est que la solidarité est complète. Les maladies de la cellule cérébrale troublent les fonctions de la pensée ; et cette malheureuse infirme a encore à se méfier de son rêve, de son délire, de ses hallucinations et peut s'abîmer dans la folie.

Voilà donc la pensée concentrée dans le cerveau, fermée à toute lumière directe, casematée dans une voûte osseuse où le moi pensant ne voit, ne saisit que les images photographiées dans les cellules cérébrales. C'est par l'intermédiaire aussi de la cellule cérébrale qu'il fait exécuter ses volontés. Voilà où se borne la certitude.

Tel l'officier à travers les trous minuscules du blindage, de la casemate, dirige la lunette sur l'ennemi et en aperçoit l'image dans la lentille. A l'aide de la lunette, il dirige en même temps le canon et donne l'ordre de faire feu. Il est évident que l'agent intelligent et volontaire ne peut être ni la lentille ni le canon, et que sans la lentille et le canon, la pensée et la volonté ne peuvent rien. Mais qui est l'officier?

Est-il cellule, est-il esprit? Dans le premier cas ce sont des milliards de volontés et d'intelligences qui commandent, dans le second c'est l'unité immatérielle du moi. Qu'en dit la raison, qu'en dit le sens commun?

Imagination

La science étant impuissante et les données philosophiques nébuleuses pour expliquer la soudure de la sensation avec la pensée, de la volonté avec l'appareil moteur, il faut la franchir à pieds joints et coordonner simplement les faits d'observation. Mais comment procéder là où les sens font défaut? Il nous reste le sens intime, le même pour tout observateur. Chacun de vous pourra donc contrôler si ces observations sont conformes avec les siennes.

Voici les comparaisons qui nous paraissent le mieux rendre compte de l'observation. La pensée est casematée dans le crâne, c'est une essence intimement unie à la matière cérébrale, mais pouvant la parcourir instantanément pour ainsi dire du regard. Dans cette cavité, avec l'appareil cérébral doit donc exister celui de l'imagination. Ce sera comme un musée, une bibliothèque, et il y aura des archives.

Là se trouveront en effet les images conservées par la mémoire, mais modifiées suivant l'attention de chacun. Voilà pour les images, filles des sensations du dehors et de celles du corps, résumant toutes les notions physiques tirées de la nature.

Là se trouveront aussi, dans des archives ouvertes que la pensée peut lire instantanément, toutes les résolutions de l'être pensant, tous les faits conservés à son attention.

Du réveil au sommeil, le moi ne peut s'empêcher de penser, son attention se porte sur les images nouvelles quotidiennes, ou sur celles qui sont conservées, ou sur les archives de ses actes antérieurs ; et il travaille sur ces données, passant d'un sujet à un autre sans jamais s'arrêter. Il y a des moments douloureux où il voudrait ne pas penser, il ne le peut pas.

Quoique son attention ne puisse analyser qu'une pensée à la fois, son regard est rapide comme l'éclair, quand il pense, quand il parle. Au cours d'un discours il peut improviser des combinaisons d'images imprévues, charmantes, chez les poètes surtout, ce sont les hommes d'imagination, tandis que les hommes de jugement s'appesantissent sur les faits de leurs archives pour arracher à l'observation tous ses secrets. Dans tous ces cas voyons le rôle que peut jouer la cellule.

Les signes du langage, de l'écriture sont cellulaires.

Pendant que la pensée enfante ses jugements et appelle à sa mémoire tous les termes nécessaires pour les exprimer, voyez le travail correspondant que par l'habitude elle impose au corps, c'est de les parler ou de les écrire.

Pour parler ou pour écrire il faut, avec une rapidité vertigineuse, penser les signes des paroles ou des lettres et les projeter au dehors en mettant en jeu les muscles correspondants. Or vous souvenez-vous du temps qu'il a fallu pour apprendre à lire, à écrire, à chanter, à jouer d'un instrument.

Epeler c'est certainement graver l'image d'une lettre sur une cellule cérébrale et aboucher celle-ci à son nerf moteur pour exercer les muscles nécessaires à sa prononciation.

Apprendre un instrument de musique, le violon, la flûte, c'est graver le signe de chaque note sur une cellule et habituer le doigt à exécuter cette note, aussitôt que cette cellule est impressionnée et mise en rapport avec le nerf du mouvement.

Comment se fait l'éducation des muscles, des doigts, des bras, des lèvres? La volonté et l'intelligence procèdent par tatonnement, par répétition des mouvements pour arriver à la précision. Tel on aimante le fer par des frictions répétées dans le même sens.

Le résultat prouve que la concordance des nerfs musculaires mis en jeu est confiée aux ganglions nerveux les plus rapprochés des muscles ; puis à la moëlle épinière où leur action est successivement concentrée, pour communiquer ensuite par un seul nerf moteur à la cellule lettre, à la cellule note. Une fois la concordance établie par l'habitude, le nerf cellulaire fait exécuter tous les mouvements réflexes pour si compliqués qu'ils soient, aussi rapidement que la pensée.

Mais avant que cette savante combinaison musculaire, dirigée par la volonté, se fasse automatiquement, que de jours d'étude, d'accommodation. Est-ce la cellule elle-même qui dirige les doigts du débutant, les lèvres du flûtiste; possède-t-elle la volonté, l'intelligence qui concentrent l'attention pour diriger les muscles par tatonnements, jusqu'à ce qu'elle obtienne la précision voulue des mouvements? Dans l'escrime, il faut des années pour que le corps, le poignet, l'œil, s'habituent à obéir comme l'éclair à la pensée qui combine les coups et d'où dépend la vie.

Quel rôle joue ici le cerveau en vérité? Il enregistre sur des cellules les vibrations phonographiques tierce, quarte. D'autre part, la volonté habitue les nerfs qui correspondent aux muscles mis en jeu, à combiner leur action dans les ganglions intermédiaires, dans la moelle épinière, à agir par un mécanisme réflexe, réduisant tous les éléments nerveux à un seul, pour aller s'aboucher avec la cellule cérébrale tierce, quarte. C'est le fil télégraphique qui transmettra l'ordre à simple vue, au simple souvenir de l'idée qu'éveillait dans l'être pensant le mot tierce, le mot quarte. Certes la pensée à ce moment n'a pas le loisir de décomposer toutes les opérations cellulaires, montrez donc la cellule pensante, cellule extraordinaire, car elle doit être unique comme le foyer de la pensée.

La pensée, la volonté, l'intelligence sont-elles dans la cellule ou la cellule n'est-elle qu'un porte-signe comme les touches d'un piano? tout cet appareil nerveux n'est-il pas simplement un instrument vivant, que l'âme s'accommode pour improviser ses opérations, sa pensée et transmettre sa volonté?

Quand vous faites un discours et que par l'habitude vos muscles parlent vos syllabes, phonographiées sur chaque assemblage de cellules lettres est-ce cet appareil qui pense et improvise votre discours? Leurs nerfs radiants servent-ils à combiner les cellules syllabiques pour former des mots, ou à transmettre les votes concordants de ces milliers d'intelligences et de volontés cellulaires qui vont répondre à une interpellation ministérielle?

Quand Beethoven, sourd et aveugle, combinait ses divines harmonies, c'était les cellules si bémol et fa dièze qui étaient en extase et communiquaient toutes seules leurs combinaisons au piano?

Il n'y a cependant que la cellule grise dans le cerveau et ses nerfs sensitifs et moteurs. Vibration de la circonférence au centre, récepteur, vibration du centre à la phériphérie, c'est tout. Pas d'organes distincts, aucun centre d'élaboration, aucune glande pinéale, siège de l'intelligence, rien qui dénote une cellule mère, personnifiant l'unité du moi, de sa volonté, de son intelligence.

On ne sortira pas de ce dilemne : il faut que le moi soit immatériel, ou le résultat de mille volontés, de mille intelligences se concertant aussi vite que la pensée. C'est aussi absurde à prouver que le mouvement des astres autour de la terre.

N'est-il pas plus naturel d'obéir à cet instinct étrange, que la sensation n'inspira jamais, la certitude innée que le surnaturel existe ? Il faut donc l'admettre, puisque la théorie de la cellule pensante est monstrueuse et un pur roman.

La cellule est si peu l'idée, que la pensée se sert du même assemblage syllabique, du même mot pour exprimer diverses idées, et des signes variés des langages pour la même idée. La volonté se sert du même nerf moteur sortant d'une cellule, note de musique, pour ordonner les mouvements si divers exigés par chaque instrument différent. La cellule et son nerf moteur ne sont donc eux-mêmes que d'ingénieux instruments pour la pensée et la volonté dont l'organisme est encore à trouver.

Oui, dans le cerveau, dans la chambre de l'imagination, en plus des images, des choses et des archives de la pensée, il faut un appareil cellulaire pour y mettre les milliers d'images de tous les signes du langage, de l'écriture, de la musique, des sciences, etc. De manière à ce que la pensée les voie, les choisisse et les projette au dehors par des nerfs et des muscles appropriés, pour les parler, pour les écrire.

On peut comparer cet appareil à un orgue vivant où chaque touche est un signe et où la pensée joue ses improvisations pour les communiquer à ses semblables ou pour en garder la mémoire par l'écriture.

Cet appareil existe, car lorsqu'il est détraqué, le moi ne trouve plus le terme propre pour le parler ou pour l'écrire. Il y a aphasie.

Ces signes ne peuvent se photographier, se phonographier que sur des cellules cérébrales et on voit qu'il en faut une consommation considérable. Cet appareil, les nerfs sensitifs, les nerfs centrifuges et leurs cellules, ne constitueraient-ils pas essentiellement le cerveau? Voyez l'appareil optique quelle place énorme il occupe à lui seul. Voyez les lésions multiples qui aboutissent à la paralysie.

On vient de découvrir des nerfs reliant des bandes de cellules grises entr'elles et augmentant de nombre avec l'âge, peut-être avec l'instruction. On a tout de suite conclu à l'association des idées par ces cellules. N'est-ce pas simplement l'effet du tra vail organique sur les cellules préposées à représenter les signes des langues, des lettres, des notes de musique, les signes des sciences de tout ce qui est image conventionnelle ? Ces signes sont matériels, font image, sont par conséquent cellulaires ; il faut bien un appareil matériel pour en coordonner les combinaisons. Mais revenons à l'observation.

Les probalités sont pour qu'il y ait dans le cerveau : 1° des cellules porte-images pour représenter, devant la pensée emprisonnée, les images sensationnelles du corps et du monde extérieur, la nature.

2° Les cellules du mouvement.

3° Il y a d'autres cellules qui gravent les images de convention, que nous appelons porte signes, qui doivent se sensibiliser à mesure que l'enfant apprend les langues, les écritures, les sciences, etc. Nous avons notre dictionnaire dans le crâne, il le faut pour pouvoir en chercher les termes.

Les archives de la pensée sont-elles cellulaires ? jusqu'à quel point la pensée est-elle dépendante de la matière ?

En plus des images sensationnelles perçues et conservées, en plus des images signes, les souvenirs de nos pensées sont-ils matériels, enregistrés dans des cellules signes comme dans les pages d'un livre ? Les défaillances de notre mémoire pencheraient pour l'affirmative ; d'autre part les souvenirs d'enfance chez le vieillard, chez le moribond qui appelle sa maman, morte depuis 60 ans, en feraient douter. Analysons les faits.

Le moi, par une gymanastique rapide, peut bien choisir les termes de son discours dans son dictionnaire cellulaire, dans son clavier, et les combiner pour les faire parler ou écrire par les muscles habitués, dès longtemps, aux mouvements appropriés. Ce serait le jeu de la pensée sur les touches de ses langages. Ils n'en resterait plus trace dans les archives cellulaires après le discours, le papier seul pourrait en conserver la trace.

Cependant nous retenons des dates, des formules. Quand nous apprenons le mot à mot d'un livre, d'un écrit n'est-il pas évident que nous le *gravons* dans la mémoire. Quand nous apprenons le mot à mot d'une langue inconnue, ce n'est plus la pensée qui travaille et enchaîne les termes du dictionnaire incompris. Il faut donc que des cellules autres que celles de l'appareil à signes gravent le mot à mot. Nous ne connaissons pas d'orgue enregistreur, et s'il existait, il enregistrerait le tout indistinctement, ce que nous ne faisons pas dans la pensée habituelle, où certains points de repère suffisent pour retrouver toutes les idées ; ces points de repère dont nous reparlerons, et le mot à mot, seraient seuls enregistrés. Voilà, il nous semble, les fonctions ultérieures que peut remplir notre cellule cérébrale, notre neurone. Mais nous montrerons bientôt que la pensée immatérielle peut borner les termes gravés de son discours à un nombre excessivement restreint. En sorte qu'elle fonctionne réellement en esprit, contrairement à l'opinion des matérialistes.

A l'étude de l'origine des idées, nous citerons une observation de sourde-muette-aveugle de naissance qui prouve la spiritualité de la pensée. N'arrive-t-il pas souvent d'ailleurs que le mot propre ne vient pas et on en a l'idée. D'autrefois, on dit des phrases entières sans les penser, comme il arrive fortuitement dans les prières habituelles. On pense pendant ce temps à autre chose, la parle-t-on aussi ? On parlerait alors deux phrases différentes en même temps, est-ce possible ! Le même mot est exprimé dans mille langages ou écritures différents et cependant c'est la même idée. L'idée est donc distincte du mot. L'aphasique comprend les paroles, mais ne peut les trouver. La pensée peut donc être immatérielle, car elle est distincte de l'appareil qu'elle emploie pour recueillir les éléments de ses opérations et pour les exprimer.

Donc en résumé, l'observation nous force à admettre que la mémoire des faits est en partie cellulaire et imagée.

Que celle des termes parlés ou écrits forme un appareil à part, que nous appelons appareils à signes, entièrement cellulaire et faisant image.

Que les sensations fournies par la nature et notre

propre organisme se gravent aussi sur la cellule cérébrale. Véritables images naturelles, toutes abouchées à des nerfs moteurs, toutes utilisant par conséquent les neurones.

Nous avons devant les yeux une figure du cerveau où sont marquées les localisations observées jusqu'à ce jour à l'occasion des lésions cérébrales, en voici l'énumération :

Centre de l'audition, centre spécial pour l'audition des mots ; centre pour la vision, centre pour celle des mots ; centre du goût. Voilà ce qu'on connaît pour la localisation des sens ; les centres du mouvement connus sont plus nombreux. Il est à remarquer qu'il y en a un pour le langage et pour l'écriture, ce qui corroborerait nos présomptions sur les images-signes ainsi que les centres d'audition et de vision des mots ; enfin, centres de mouvements conjugués de la tête et des yeux, du mouvement des globes oculaires, de la face, de la bouche, de la langue, de l'épaule, du coude, du poignet, des doigts, du pouce, du tronc, de la cuisse, du genou, des chevilles, du gros orteil. Tous ces centres couvrent bien déjà le tiers de la figure.

Par analogie, ne peut-on pas conclure que toutes les cellules cérébrales étant anatomiquement semblables, celles dont la fonction n'est pas encore localisée, servent aussi aux mouvements et aux images sensationnelles de la nature, de l'appareil à signes et des mot-à-mot. Le fameux neurone représente-t-il autre chose : cellule qui reçoit une image et qui transmet un mouvement. Le cerveau ne serait ainsi pour la pensée qu'un appareil vivant, très savant, très ingénieux, mais enfin, l'instrument de la pensée et non l'âme pensante. Les cellules de la rétine qui dessinent l'image visuelle sont bien un simple instrument vivant d'optique ; pourquoi les cellules cérébrales, que le nerf optique va ensuite sensibiliser, ne seraient-elles pas des porte-images concentrés ainsi avec celles fournies par les autres sens, dans le crâne, pour mettre l'être immatériel, par une soudure incompréhensible, en rapport avec son corps, avec la nature ; et, ce qui est plus merveilleux, par la parole, avec les autres âmes humaines, retranchées elles aussi derrière leur muraille cranienne, impénétrable à tout regard importun.

Enfin la cellule grise, par son nerf moteur, indique bien aussi qu'elle est un instrument pour la volonté, mais personne ne peut prouver qu'elle est la volonté elle-même.

Les aliénistes, en étudiant les hallucinations, n'arrivent-ils pas à conclure qu'elles proviennent des troubles cérébraux sensationnels, du neurone. Celui-ci pourrait ainsi rendre compte de la plupart des phénomènes de la folie. Les maladies de l'appareil cérébral et de ses enveloppes, de son réseau vasculaire, le surmenage, l'usure, les excitants, les stupéfiants, les passions, les tendances héréditaires, ne serait-ce pas là toutes les origines de la folie, qui voilent la raison et l'induisent en erreur. Mais nous plongeons dans le mystère et l'inconnu. Il faut rentrer dans l'observation et ne pas donner des ailes à notre baudet. Songeons que la science n'a encore aucune certitude sur les fonctions de la cellule grise et que toutes nos conjectures peuvent être détruites demain.

Ce n'est pas cependant du roman, puisque tous les éléments de nos conjectures sont à la portée de tout le monde, basés sur l'anatomie actuelle du cerveau et conformes aux hypothèses matérialistes sur les fonctions du neurone. Jusqu'ici on ne peut donc considérer le cerveau que comme un instrument et nous ne voyons pas comment il remplirait le rôle du moi pensant et volontaire. Il faut donc essayer d'analyser les fonctions de la pensée pour juger le travail auquel serait astreinte la cellule grise, si seule elle devait y pourvoir.

Fonctions de la pensée.

En quoi consiste le travail de la pensée sur les phénomènes, en quoi consiste l'observation ?

Prenons par exemple le plus éclatant des phénomènes, le soleil, et voyons comment procède l'intelligence, par quels travaux elle arrive à la certitude, à la science.

L'observation du phénomène soleil, rendue possible par un léger brouillard, fait ainsi pénétrer son image jusqu'aux cellules cérébrales, celle de la lune s'y grave sans efforts. Voici comment procède l'intelligence : elle note que le soleil et la pleine lune sont ronds, que l'un a des rayons et que l'autre n'en a pas, que le disque de la lune se modifie, que tous les deux répandent de la lumière, que du brouillard, des nuages s'interposent entre leur image et nous, qu'ils se déplacent dans l'horizon visuel, etc.

Voilà entre mille les *modes*, les *attributs* que la pensée humaine notera sur les images phénoménales soleil, lune. Initiée à la parole par une sublime initiation qui se perpétue de père en fils, et grâce à un organisme approprié dans le cerveau, la pensée désignera, par des modulations particulières chaque image soleil, lune, qu'elle *nommera*, qu'elle déclarera réelle, *substantielle*. Elle la désignera donc par un *nominatif*, un *substantif*, car la conscience affirme que ces images ne sont pas vaines, qu'un être, une chose sont *dessous* : *sub-stans*.

Elle nomme aussi chaque *qualité* qu'elle *attribue* au phénomène *substantif*, qu'elle *ajoute* à son image par l'observation scientifique, et ces *attributs*, elle les appelle *adjectifs qualificatifs* : ronds, mobiles, éloignés, rayonnants, etc.

Le jugement que la pensée porte sur ces observations, elle l'appelle *verbe,* elle le note par une autre modulation particulière de la parole. Elle marquera donc par des *signes* distinctifs la *signification,* l'expression de ces trois opérations.

Tout travail de la pensée réclamera donc trois actes : 1° le phénomène, ou constatation d'une chose existante, *substantive* ; 2° l'observation des phénomènes qui s'y rapportent, qui y sont adjoints ou *adjectifs* ; 3° la conclusion ou jugement que l'esprit y porte, le *verbe,* le seul acte personnel dans toutes les opérations de la pensée, laquelle est passive en face du phénomène et des attributs.

Voilà tout le langage, voilà tout le travail de la pensée. Tout discours est un enchaînement de phrases, de pensées, qui se réduisent au *sujet,* au *verbe* et à l'*attribut.*

La grammaire nous dit que le langage se compose de dix mots, et voilà les trois fondamentaux, le substantif, l'adjectif et le verbe. Puis viennent le participe qui tient, comme l'indique son nom, tantôt de l'adjectif, tantôt du verbe ; l'adverbe qui remplace le nom pour la rapidité du langage, la préposition qui met deux termes en rapport, la conjonction qui unit deux propositions, l'article qui détermine les conditions où se trouve le sujet. Enfin l'interjection, langage mimique pour ainsi dire, qui est le seul donné aux animaux et qui n'a jamais servi à construire une phrase, à formuler les raisons d'un jugement.

Donc il n'y a que le verbe qui apprécie les rapports du phénomène, du sujet à ses attributs.

Il est actif ou passif, ou indifférent. Il se modifie pour indiquer le nombre et le temps. Tous les autres mots n'ont d'autre objet que de préciser toutes les conditions nécessaires à la clarté de l'observation, du jugement, du verbe.

Voilà la pensée prise sur le fait. Mais la pensée est-elle tout entière dans le langage, qui lui certainement est cellulaire ? Non, car il n'y en aurait qu'un pour la parole, un pour l'écriture de tous les peuples, pour le téléphone, pour tous les moyens d'exprimer la pensée ; tandis que l'idée exprimée au moyen du substantif, de l'adjectif, du verbe, est la même dans toutes les langues. Nous l'avons déjà dit, l'idée est distincte de la parole, du signe, et comme dans toutes ces opérations de la pensée, nous ne trouvons plus que le signe de matériel, l'idée peut être idéale, surnaturelle.

Si nous poussons plus loin l'analyse du langage, nous constatons que la pensée ne s'arrête pas à la distinction des phénomènes et des attributs, aux corrélations de cause à effets ; ce que l'animal est capable de faire d'une manière sommaire, dans son essence immatérielle, en comparant les images phénoménales conservées dans la mémoire, mais sans le secours du signe, puisqu'il n'a pas la faculté du langage. Cette première opération de la pensée, le discernement, le jugement qui permet de comparer les rapports existant entre les phénomènes rapprochés, les animaux l'ont, chaque espèce dans la limite de ses instincts. Quand nous disons que le chien est intelligent, nous voulons dire qu'il a de la finesse dans le discernement. Il peut combiner sommairement ses jugements, mais cela ne constitue pas la raison ni l'intelligence humaine, qui se caractérisent par une faculté dont est privé l'animal, l'*abstraction*.

En effet, la pensée humaine en face des attributs du soleil, de la lune, ira plus loin et détachera, abstraira, chaque attribut pour les analyser à leur tour et les comparer entre eux. L'image cérébrale présente le soleil lumineux, rayonnant, aveuglant ; la lune aussi est lumineuse ; mais sa lumière est douce, blanche ; d'autres phénomènes que le soleil, la lune, sont lumineux, ainsi les étoiles, le feu.

La pensée juge alors que ces attributs, à leur tour, peuvent être la manifestation d'autres entités, avoir une existence propre, distincte du phénomène. Le langage note ces conclusions en transformant l'adjectif en substantif, on dit lumière, éclat, rayonnement, aveuglement, douceur, blancheur.

Grâce à l'abstraction matérialisée uniquement par un signe auditif ou visuel, la pensée va pouvoir maintenant analyser à leur tour chaque attribut phénoménal et arriver, de degré en degré, aux notions premières des entités lumière, couleur.

Les adjectifs peuvent donc être transformés en

substantifs, exprimer à leur tour une idée mère ; mais l'idée lumière, l'idée couleur ont-elles une image dans la nature ! non, il n'y a que des phénomènes lumineux, colorés. Ces idées *éveillées dévoilées*, à l'occasion des phénomènes matériels, n'ont pu cependant venir par les sens, mais les sens ont servi à les *dévoiler* à l'entendement.

Puisqu'il s'agissait des phénomènes de la nature, il fallait une racine naturelle, soleil, pour faire éclore tout un arbre d'observations idéales, concernant le plan préconçu, sur lequel furent ordonnés les phénomènes lumineux, c'est-à-dire la science de l'optique.

Nous voilà déjà loin de l'animalité, l'homme lui-même, sans la notation du langage, aurait de la peine à suivre la série de ces jugements, la science serait impossible.

C'est que le corps doit toujours participer au travail de l'âme, les deux ne faisant qu'un, seulement ici le signe matériel est fils de l'idée, au lieu d'avoir pour origine la sensation. Donc, en fait d'abstraction, on peut retourner l'adage et dire :

Signus non est in sensu, quin prius fuerit in intellectu.

Mais la science ne serait pas créée si la raison n'avait eu que la faculté analytique. Après l'analyse ou dissection du phénomène, l'homme veut la preuve que son analyse a bien embrassé tous les attributs, et avec ces attributs réunis, il reconstitue le phénomène, c'est la synthèse.

Puis il compare les phénomènes entre eux et leur trouve des liens de parenté, il les groupe en genres, familles, classes, sciences : physique, chimie, astronomie, etc. C'est la comparaison qui engendre la généralisation et la découverte que tous les phénomènes de la nature s'enchaînent entre eux.

De cette comparaison, la raison déduit que les phénomènes ne s'enchaînent pas au hasard, mais suivant des lois mathématiques, et elle découvre la législation, l'ordre suivant lesquels tout a été fait.

Enfin les plus sublimes facultés de la raison, qui couronnent le génie de l'homme et qui n'ont acquis leur splendeur que dans l'âge moderne, ce sont l'induction et la proportionnalité qui ont dévoilé les derniers secrets des combinaisons des corps.

Maintenant l'homme va produire, il va même créer des phénomènes qui ne parurent peut-être jamais dans la nature : antipyrine, acétylène... L'induction conduit donc à l'invention, à trouver l'inconnu.

Après avoir décomposé l'eau, le chimiste en a induit qu'il pouvait décomposer la potasse, la soude ; en effet il a mis au jour le potassium, le sodium, bien étonnés de se trouver isolés pour la première fois certainement depuis le jour de la naissance des mondes, à l'origine de leur immense incandescence.

Le chimiste ne s'arrête pas là dans ses inductions et dit : le limon vulgaire est une alumine, j'induis qu'il a aussi son aluminium et l'aluminium apparaît pour perfectionner son industrie.

L'homme le *signifia* dans sa pensée avant de le produire et d'en apercevoir l'image. L'aluminium apparut à sa pensée avant de pouvoir impressionner ses sens ; *erat in intellectu, non erat in sensu.* Quelle évocation ! l'homme pétrit le limon et il modèle l'aluminium ; et la pensée ne serait qu'une combinaison d'images sensationnelles, un jeu des cellules cérébrales ? La pensée qui domine à ce point la matière, serait sœur de celle de l'animal qui n'eut jamais le don d'inventer !

La proportionnalité est, par excellence, la faculté distinctive de l'homme, la faculté maîtresse de l'industrie, de l'invention, voilà la perfection de l'abstraction.

La pensée ne se borne pas à classer les phénomènes ou substances par la comparaison de leurs qualités ou modes apparents, mais elle va jusqu'à *découvrir* les causes, les modificateurs eux-mêmes, et ce qui est encore plus admirable, les lois mathématiques suivant lesquelles ils agissent invariablement.

Par cette faculté, l'homme préjuge que ces causes peuvent être les mêmes, malgré les apparences, dans des phénomènes où elles ne se révèlent pas pareilles aux sens, mais où elles ne diffèrent que par leur proportion mathématique. Ainsi l'oxygène pourra être combiné avec le soufre dans les proportions de 1, 2, 3 et chaque fois ces combinaisons auront des propriétés distinctes, à ne point leur reconnaître la moindre parenté.

Mais la pensée a trouvé l'agent, le modificateur caché qui a imposé les proportions indispensables à la production de chacune de ces substances. Avec lui elle isolera, elle évoquera à la lumière l'acide sulfurique qui brûlera tout sur son passage pour rentrer au plus vite dans la stabilité de ses combinaisons actuelles.

Voilà la pensée sondant des profondeurs que le raisonnement seul peut atteindre. Mais pour cela, il faut que la pensée s'isole de la sensation (*sensu*), de l'apparence qui n'est plus qu'un leurre, et c'est elle qui engendrerait l'idée ?

L'homme va donc chercher dans chaque phénomène cet inconnu, insaisissable aux sens et que ne photographia jamais aucune cellule avant que la pensée ne l'ait *inventée*. Il l'évoque, il lui dit : « Protée es-tu là, sous quelle forme, dans quelles proportions ? » L'agent caché résiste, il faut inventer des instruments appropriés, varier à l'infini l'observation. Enfin Protée est vaincu, comment ? C'est que la pensée a découvert la loi qui l'enchaîne à ses congénères, à ses voisins, la loi qui régit ses relations. Dès ce moment, Protée est son esclave, et l'industrie va marcher à pas de géants.

Voilà la suprême perfection de la faculté d'induction, la proportionnalité, qui fait découvrir les lois auxquelles est soumise la nature, et les moyens de la dompter. Vous savez comment le génie de l'homme, dans son immatérialité, dans son indépendance absolue des sens, traduit la proportionnalité par la formule fondamentale de ses mathématiques ou pures abstractions; $a : b :: c : x \longrightarrow x = \dfrac{b\,c}{a}$

On sait quels résultats prodigieux ont produit les divines formules algébriques que jamais cellule cérébrale sensationnelle ne put inventer. Elles sont les plus sublimes abstractions qui rapprochent la pensée de l'homme de celle qui créa les lois auxquelles sont assujettis tous les modes de la matière. Les mathématiques sont la révélation, la manifestation des lois imposées à la nature par le Tout-Puissant.

Les découvertes scientifiques n'ont été possibles que par la constatation des rapports qui enchaînent tous les phénomènes de la nature entre eux. Les phénomènes psychiques n'échappent même pas à cette règle, car tout jugement se base sur un jugement précédent, jusqu'aux origines et aux substances qui limitent la raison.

Que nous sommes loin du jugement de l'animal

qui est tout au plus capable de comparaisons sommaires entre deux images phénoménales de date assez rapprochées, pour être conservées dans sa mémoire.

Mais l'homme a-t-il pu saisir le phénomène matériel, sa substance, connaît-il l'essence de son être, de sa pensée? Non, il n'est armé pour cela d'aucun sens, d'aucune faculté. Il ne verra certainement jamais de ses yeux un atome, une âme. Est-il plus heureux pour l'agent modificateur, pourra-t-il jamais saisir la lumière, le mouvement, les passions qui agitent son cœur? Non, il ne percevra jamais que des vibrations, il ne sentira en son âme que des aspirations et des impulsions, sans saisir jamais le bon ou le mauvais génie qui l'émeut.

La science humaine a donc des limites. Elle ne connaît ni les causes, ni les substances, elle ne connaîtra jamais Dieu avec ses sens. *Elle n'a qu'une faculté, c'est d'observer et de comparer les rapports qui existent entre les chaînons, entre chaque phénomène, la proportion qui existe entre leurs modes ou qualités.* Rapport du substantif ou qualificatif et des substantifs entre eux, voilà toute la science humaine; et comme ils ne se produisent pas au hasard, la science est couronnée par *la connaissance des règles ou des lois qui régissent leur évolution.*

Quand l'homme aura tout observé, tout comparé, connu tous les rapports des phénomènes naturels et psychiques, qu'il aura sondé le soleil, fraternisé avec Mars, correspondu avec les étoiles et philosophé à perte de vue dans les nuées d'Aristophane, il n'en saura pas davantage qui il est, d'où il vient, où il va, ce qu'est le premier moteur, ni ce que sont les éléments de la matière, de son corps vivant, de sa pensée. Il n'a pas la faculté des causes premières, mais il ne peut les nier sans nier sa raison qui, lui montrant les lois immatérielles, lui fait aussi pressentir le législateur, le maître incontesté, puisque la loi n'est jamais violée.

Ce qui prouve Dieu, c'est la loi mathématique, c'est elle aussi qui fait notre seule certitude, puisqu'elle est la science des rapports. Mais cela suffit, puisque par elle nous remontons au législateur.

Le confident de don Juan lui reproche de ne croire à rien et le génie de Molière fait répondre à don Juan : « Je crois que deux et deux font quatre, et quatre et quatre font huit. Toute la science humaine est là, 2 : 4 : : 4 : 8, mais elle conduit à la certitude du Dieu législateur.

Nous voilà enfin bien haut et bien loin de la matière brute, car si elle s'enchaîne elle-même comme le veulent les matérialistes, elle possède la suprême intelligence, ce n'est plus le processus aveugle qui peut faire les belles lois du monde et de notre microcosme.

Nous connaissons maintenant les fonctions de la

pensée, voyons si la cellule grise peut en rendre compte. Nous avons accusé les matérialistes de lui faire enfanter la pensée, comment s'y prendrait-elle ?

Reprenons notre leçon d'analyse. La cellule qui a photographié l'image du soleil est obligée pour analyser les attributs de cet astre, de dessiner sur d'autres cellules les images de ses rayons, de sa couleur, de sa chaleur. Ainsi fera la cellule lune; les cellules étoiles, feu, en auront fait autant. Ces nouvelles cellules, leurs tributaires, compareront entre elles leur couleur, leur éclat, leur chaleur; grâce, je pense, à leurs tentacules et à leurs nerfs radiants.

Quelle est la cellule qui va porter le jugement ? ne la confondez pas avec la cellule porte-signe, sur laquelle sera gravé le signe adopté pour exprimer le verbe de ce jugement; non, c'est celle qui fera le jugement lui-même, l'être pensant, la cellule mère, le moi. Comment cette personnalité cellulaire classera-t-elle dans leur immobilité les cellules phénoménales pour les grouper en espèces, genres, classes, familles, sciences? Dans les découvertes scientifiqus, quel sera l'étonnement de la cellule pensante, en voyant ces cellules images encore hier ignorées, l'aluminium ? Car la marche fatale de l'esprit humain a dû seule faire la découverte de ce métal. Montrez-nous seulement comment les cellules font de l'algèbre. Il n'en faut pas beaucoup, une douzaine de signes cellules suffisent; faites leur combiner une équation du premier degré.

Voulez-vous des opérations où le corps participe autant que l'âme; la poésie, la peinture, la musique? Quelles sont les cellules poètes qui vont régler la cadence des vers, en harmonie avec le chant héroïque ou amoureux? Raphaël, Millet ont-ils découpé les cellules images des modèles de leurs études, pour exprimer l'idée sublime de leurs chefs-d'œuvres? La musique est-elle la danse rythmée des cellules en extase? Quoi! pour toutes ces admirables fonctions, rien que des cellules uniformes, monotones comme les circonvolutions de l'intestin, toujours les mêmes? Quel prodige, quel mystère!

Dans l'ordre moral, quel rôle peuvent-elles jouer? Quand l'égoïsme lutte contre le dévouement, quand le devoir pour la patrie, le sacrifice, le martyr pour son Dieu, luttent contre l'instinct de la conservation, il y a des cellules qui veulent vivre, des cellules qui veulent mourir?

Et dire que ce sont des savants, des physiologistes, des médecins, des anatomistes bien capables de connaître les fonctions de la cellule et ses mœurs, qui acceptent ces théories insensées, sans preuves, sans expériences sans observations! et pourquoi? parce que la maladie de la cellule cérébrale trouble la pensée; parce que dans leur orgueil de prétendre tout connaître, ils n'admettent pas le surnaturel, l'immatériel, dès l'instant que notre organisme scientifique est impuissant à nous le montrer.

Le matérialisme est donc incapable de matérialiser ni d'organiser notre raison, quoiqu'elle soit enchaînée, amalgamée à la matière, à un organisme.

Mais alors d'où vient la raison, de quel ordre est-elle ? elle ne peut qu'être immatérielle comme tous les peuples l'ont pressenti. L'animal, comme l'homme, a un principe immatériel, une âme distincte de son principe vital, mais limitée dans les bornes assignées à chacun, sous forme d'instinct, suivant leur destinée. Ils sont tous privés de la faculté de combiner et d'utiliser les forces de la nature. Heureusement ils ne savent même pas faire du feu. Malgré son esprit d'imitation, le singe ne connaîtra jamais l'abstraction, il n'aura par conséquent jamais le langage ni l'industrie.

Elisée Reclus fournit une observation bien concluante. Sur les bords de l'Indus, depuis les temps les plus reculés, on a un tel culte pour les singes, qu'on ne les tue ni ne les moleste jamais ; aussi ils entrent dans les maisons et dérobent effrontément les fruits que l'on laisse à découvert. Pour les en empêcher il suffit de mettre dessus quelques branchages épineux. Voilà un ancêtre bien privé d'observation et de discernement pour n'avoir pas étudié le procédé par lequel ses descendants ne se piquent pas.

Non ! nous ne sommes pas fils du singe ; il y a entre nous et lui l'abstraction, la recherche de l'inconnu, l'invention.

Les animaux bornés à observer simplement les images de la nature dans les limites de leur instinct ne peuvent songer à chercher l'au-delà ! Ils peuvent donc mourir tout entiers. Leurs essences combinées, principe vital et ses sous-ordres, âme instinctive, peuvent aussi rentrer dans la grande circulation, si telle est la volonté du créateur.

Mais l'homme, le chercheur, l'inventeur qui ne s'arrête jamais et qui veut connaître le créateur de cette matière caduque, l'esprit merveilleux qui souffle la vie sur cette matière, l'inspirateur de sa propre raison, esclave et souveraine à son heure de cette matière, l'homme, que devient-il ?

Par notre raison, nous entrevoyons l'immatériel, nous pénétrons tous les rouages de la matière. La science a gravi le sommet, et elle sait comment le grand architecte, le suprême législateur, l'intelligence incomparable a tout fait, tout combiné dans une prévoyance et une science inimitable. Dieu serait-il cellule, serait-il poussière, il faut qu'il ait toutes ces perfections.

Guidée par la science, notre âme, qui ne peut désormais comprendre qu'un Dieu unique et prévoyant, va-t-elle rentrer inconsciente, impersonnelle dans la circulation des essences immatérielles, sans avoir vu le grand savant ? Nous savons que la

substance existe et nous ne la verrons jamais !
Par toutes ses tendances l'humanité de tous les
âges a cherché la cause sous l'effet ; elle l'implore
dans le torrent, dans la foudre, dans le héros divi-
nisé, dans Celui dont le nom est insondable, et
jamais, jamais notre raison qui l'adore, ne le verra !

Alors que tout est parfait dans la nature, que
chaque animal est parfait pour le but auquel il est
destiné, l'homme seul serait donc l'être imparfait,
l'être manqué, la honte de l'architecte. Dieu mentirait chaque jour à ceux-là même qui lui donnent
la plus grande preuve de respect, l'adoration !

L'humanité croit à la vision de Dieu après cette
vie ; la science, en l'élevant au niveau du créateur
pour lui faire admirer les secrets de ses ouvrages,
sans pouvoir lui en montrer l'auteur, prouve que
la mort doit combler cette lacune pour parfaire
l'homme et pour l'honneur même des perfections
divines.

Ah ! ayons une meilleure opinion de la divinité.
En nous dévoilant le plan de ses œuvres, elle a
voulu se faire pressentir, se faire connaître, communiquer avec nous.

C'est par le trou de la science que nous voyons
Dieu, mais par derrière, revêtu du manteau de la
Nature.

Nous pouvons cependant mieux faire et le voir
comme dans un miroir, c'est en observant notre
raison dans son essence. Nous allons voir qu'elle

est une émanation de la raison divine, car elle vit des idées, et les idées viennent de Dieu. C'est ce que prouve l'observation, nous l'avons presque déjà démontré, puisque nous sommes arrivés à les distinguer de la sensation, de l'image qui les grave dans le cerveau, *il reste* à préciser le rôle de chacune.

CHAPITRE II

LES IDÉES

Jusqu'ici nous avons constaté que les images fournies par les sens sont représentées dans le cerveau où la pensée les saisit, ne pouvant communiquer directement avec le monde extérieur, enfermée qu'elle est dans l'encéphale. Ce qui inclinerait vers l'opinion de son union intime avec la matière comme les autres essences organiques, et non telle que nous nous représentons une essence pure, sans entrave matérielle.

Comme nous ne connaissons dans le cerveau que la cellule grise d'active, c'est donc sur des cellules grises que se concentrent les images du monde, de notre corps; et les signes.

Dans l'étude des fonctions de la pensée, nous avons vu que l'idée abstraite n'était plus une image naturelle : la lumière, l'éclat, le rayonnement, sont des attributs du soleil, cela est certain; sans les corps lumineux, le genre humain n'aurait pu savoir que ces qualités existent. Mais il n'en est pas moins vrai que l'esprit les analyse sans s'occuper autrement de leur origine ; la preuve c'est que l'on peut apprendre l'optique à des aveugles. L'abstraction s'étend même jusqu'aux objets sensibles ; ainsi dans le langage, sauf les noms propres, tous les noms sont pris dans le sens commun.

La pensée dans le langage, dans le signe, ne note donc plus les images originelles si ce n'est par des noms propres, elle ne note que son travail sur ses abstractions. Nous avons donc déclaré avec raison que le signe, *le langage venait de l'intelligence et non des sens*. Il n'y a que les images du monde sensible, de la nature qui, apportées par les sens, en éveillent l'idée. Mais comme nous ne pouvons, d'autre part, communiquer nos abstractions avec nos semblables sans l'intermédiaire des sens, *nihil est in intellectu quin prius fuerit in sensu*, est vrai à la lettre, mais il n'est exact que dans nos communications avec la nature.

Ce qui porte encore à l'erreur, c'est que les idées abstraites ont le plus souvent un point de départ dans les images sensibles, et cela est juste puisque l'homme est esprit et matière. Mais, dans les sciences notamment, combien les conséquences sont loin des prémices matérielles, et que d'idées peuvent être abstraites.

Pour bien juger quelles sont les idées qui nous viennent par les sens, il faut abstraire celles qui viennent du travail séculaire de la pensée au moyen du langage, du signe, et observer les infirmes chez lesquels un sens fait défaut et qui sont privés du langage ; chez le sourd-muet par exemple, avant toute éducation.

D'abord, l'étonnement est grand quand on examine ces infirmes. Quoique saisissant par les yeux toutes les images de la nature, le développement de leur intelligence est très limité. De plus, pas un n'a l'initiative d'inventer un langage pour communiquer avec les autres hommes qu'ils voient converser ensemble. Tous cependant saisissent la signification du langage dès qu'on en invente un à leur usage.

Et avant d'aller plus loin, arrêtons-nous sur cette observation si remarquable, c'est que le sourd-muet, comme l'enfant, a besoin d'être enseigné. Il est donc logique de conclure que l'enfant, et primitivement l'homme, abandonnés à eux-mêmes, ne se seraient jamais créé un langage, quoique admirablement doués pour cette fonction ; il leur faut un enseigneur, tandis que les animaux les plus parlants, le chien domestique, ne peuvent saisir l'idée des langages, ils n'en ont pas la faculté.

Donc remontant au premier homme, Dieu a dû lui parler et lui nommer les choses et les êtres, c'est ce que nous enseigne la Genèse.

L'observation du sourd-muet montre donc que les images de la nature sont insuffisantes à développer son intelligence. Mais donnez-lui les signes cérébraux du langage, et cette intelligence va prendre son essor.

1° Role des sens dans la pensée.

La vue est par excellence le sens qui éveille le mieux l'intelligence. Le sourd-muet la possède, et cependant son intelligence ne s'éveille que par le signe. image toute de convention, n'existant pas dans la nature, l'image visuelle ne suffit donc pas.

L'aveugle né en est privé et cependant par le signe seul, il peut devenir un des esprits les plus cultivés de son siècle. Didyme professa à Alexandrie la grammaire, la rhétorique, la logique, l'arithmétique, la géométrie, l'astronomie, la philosophie. Saunderson professa à Cambridge en 1700, les mathématiques, l'algèbre et la géométrie. J'oublie le nom d'un savant bien plus moderne qui professa l'optique dans tout son développement actuel.

Mais ces infirmes, en conservant l'audition, avaient le secours du langage analytique. La phrase signifiée, substantif, attribut et verbe est la matérialisation de l'idée qui permet d'en suivre les déductions consécutives : le sourd-muet ne devient savant que quand il en possède le mécanisme.

L'image type, la vision, n'est donc pas indispensable. Supprimons maintenant l'audition. Nous possédons une observation où l'intelligence, réduite au toucher, a acquis un développement miraculeux avant l'initiation au langage analytique.

La voici. Elle est tirée de l'ouvrages du chanoine Duilhé de St-Projet: *Apologie scientifique de la foi chrétienne* (Victor Palmé, 1890).

Larnay (Poitiers), de Mars 1878 à Janvier 1885.

M***

Il est assez difficile de vous donner des notes bien précises sur la manière dont nous avons procédé pour instruire et pour élever notre petite sourde muette et aveugle, attendu que nous ne nous en rendons pas compte entièrement nous-même. Cependant voici la marche que nous avons suivie : Marthe Obrecht, avait huit ans quand elle nous a été confiée à Larnay, en 1875. C'était comme une masse inerte, ne possédant aucun moyen de communication avec ses semblables, n'ayant pour traduire ses sentiments qu'un cri joint à un mouvement du corps, cri et mouvement toujours en rapport avec ses impressions.

La première chose à faire était de lui donner un moyen de communiquer ses pensées et ses désirs. Dans ce but, nous lui faisions toucher tout les objets sensibles, en faisant sur elle le signe de ces objets : *presque aussitôt elle a établi le rapport qui existe entre le signe et la chose...*

Comment convenir, sans jamais se voir et sans

jamais s'entendre, du signe à établir entre l'objet et son signe. Vous me demandez, Monsieur, quels ont pu être, entre nous et l'enfant, les premiers signes conventionnels, puisqu'elle ne voyait ni n'entendait? Ici, le sens du toucher (la main) a joué un rôle qui nous a jetés maintefois dans le plus grand étonnement. Dès le début, lorsque nous lui présentions un morceau de pain, nous lui faisions faire de la main droite l'action de couper la main gauche, signe naturel que font tous les sourds-muets. La petite élève ayant remarqué que chaque fois qu'on lui présentait du pain on lui faisait ce signe ou qu'on le lui faisait faire, a dû *raisonner* et se dire : quand je voudrai du pain je ferai ce signe. En effet, c'est ce qui a eu lieu. Quand à heure du repas on a tardé, tout exprès, à lui donner du pain, elle a reproduit l'action de couper la main gauche avec la main droite. Il en a été de même pour les autres choses sensibles ; et du moment qu'elle a eu la clef du système, il a suffi de lui indiquer une seule fois le signe de chaque objet.

Nous sommes passées ensuite aux choses intellectuelles. Il a fallu une longue et constante observation afin de *saisir les impressions* les plus diverses de l'enfant, *afin de lui donner*, sur le fait même, *le signe de l'idée ou du sentiment qui se révélait en elle.* La surprenait-on impatiente, livrée à ces mouvements de mauvaise humeur, vite on lui faisait faire le signe de l'impatience, et on la *repous-*

sait un peu pour lui faire comprendre que c'était mal.

Elle s'était attachée à une sourde-muette déjà instruite et qui s'était dévouée avec beaucoup de zèle à son éducation. Souvent elle lui témoignait son affection en l'embrassant, en lui serrant la main. Pour lui indiquer une manière plus générale de traduire ce sentiment de l'âme, nous avons posé sa petite main sur son cœur en l'appuyant bien fort. Elle a compris que ce geste rendait sa pensée, et elle s'en est servi toutes les fois qu'elle voulait dire qu'elle aimait quelqu'un ou quelque chose ; puis, *par analogie*, elle a repoussé de son cœur tout ce qu'elle n'aimait pas.

C'est ainsi que peu à peu nous sommes parvenues à la mettre en possession du langage mimique en usage chez les sourds-muets. Elle s'en est facilement servie dès la première année (le langage mimique est idéologique, impressions de formes et de mouvements transitoires qui représentent conventionnellement une idée). De ces opérations de l'esprit aux premières révélations de la conscience, la gradation est insensible et facile. Déjà dans le *courant de la première année*, nous avons pu lui donner quelques leçons de morale. Comme tous les enfants elle manifestait assez souvent des *penchants à la vanité et à la gourmandise*.

Lorsque des dames visitaient l'établissement, la petite enfant se plaisait à faire l'examen de leur toilette. Le velours, la soie, la dentelle éveillaient en elle un sentiment d'envie. Aussi, lorsque quelque découpure lui tombait sous la main, elle s'en faisait un voile ou une cravate. Pour la guérir de ce penchant naturel à la vanité, il a suffi de lui faire comprendre que, sa mère n'étant pas ainsi vêtue, il ne fallait pas désirer ces choses.

Pour la corriger de ses petites gourmandises, on lui a dit que les personnes à qui elle reconnaît une supériorité, les sœurs, la supérieure, le père aumônier, avaient aussi ces défauts dans leur enfance, mais que leur mère leur ayant dit que c'était mal, elles s'étaient corrigées. Ces raisonnements ont eu sur l'enfant un grand empire, et ces légers défauts ont disparu.

Vers la fin de la deuxième année, nous avons cru pouvoir aborder les questions religieuses. L'enfant ne savait encore ni lire, ni écrire, le *langage mimique était le seul moyen de communication* entre elle et nous. Nous sommes passées des choses visibles aux invisibles. Pour lui donner la première idée d'un être souverain, nous lui avons fait remarquer la *hiérarchie des pouvoirs* dans l'établissement. Elle avait déjà compris, dans ses rapports avec nous, que les sœurs étaient au-dessus des élèves, etc... Quand Monseigneur l'évêque vint nous visiter, nous lui fîmes comprendre qu'il était encore au-dessus des personnes qu'elle était habituée à respecter, et que bien loin, là-bas, il y avait un premier évêque qui commandait à tous les autres : évêques, prêtres et fidèles. De cette souveraineté qui lui paraissait bien grande, nous sommes passées à celle du Dieu créateur et souverain seigneur.

Avant de lui donner le signe mimique de Dieu (celui que l'on apprend à tous les sourds-muets) nous lui avons fait connaître, autant que cela est possible, les attributs divins les plus frappants : la puissance créatrice et conservatrice, l'immensité, la bonté, la justice... de même pour l'âme, avant d'en donner le signe, nous en avons fait remarquer les opérations : la faculté de penser, de comprendre, de se rappeler, de vouloir, d'aimer..., ayant soin de mettre en parallèle certaines opérations du corps afin que l'enfant pût saisir plus facilement la supériorité de l'âme.

Impossible de décrire l'impression produite chez l'enfant par la connaissance de ces vérités d'un ordre supérieur. L'immensité de Dieu l'a beaucoup frappée. La pensée que ce Dieu souverain voit tout, même nos plus secrètes pensées, l'a beaucoup émue. Et maintenant quand on veut arrêter chez elle quelque petite saillie d'humeur, il suffit de lui dire que le bon Dieu la voit.

Cette connaissance de l'existence de Dieu étant acquise, nous avons suivi l'enchaînement des autres vérités, et jusqu'ici toutes ont pénétré dans son âme avec la même facilité. Elle répond avec une précision étonnante à toutes les questions qui lui sont adressées sur les choses qu'on lui a apprises.

Avant d'apprendre à l'enfant à lire et à écrire comme les aveugles, nous avons dû lui enseigner la dactylologie. Nous avons commencé dans le courant de la troisième année. Ici encore le sens du toucher a été le grand moyen de communication et de convention. Lorsque, recevant un morceau de pain, elle en a fait le signe, nous lui avons dit qu'il y avait un autre moyen de désigner le pain, et, à l'aide de la dactylologie nous avons *figuré dans sa main la suite des lettres qui composent le mot pain*. Ce nouveau système, cette révélation nouvelle a été pour cette jeune intelligence ce qu'est un rayon de soleil pour une fleur naissante, après une sombre et froide nuit. Elle a demandé elle-même le nom de chacun des objets dont elle savait le signe; le nom des personnes de la maison, qu'elle reconnaissait d'ailleurs très bien en leur touchant la main.

Lorsque notre élève nous a paru suffisamment exercée à la dactylologie, allant toujours à petits pas, *du connu à l'inconnu*, nous lui avons fait toucher l'alphabet et l'écriture des aveugles, lui faisant comprendre que c'était encore un moyen de transmettre, de fixer sa pensée, et de s'instruire comme ses compagnes privées de la vue. Nouveau rayon de soleil, nouvelles émotions fécondes et révélatrices pour cette chère petite âme! L'enfant s'est mise au travail avec une ardeur incroyable; elle a bien *saisi la convention établie entre l'alphabet manuel et l'alphabet pointé* des aveugles, et bientôt elle a pu lire et écrire des mots et de petites phrases.

Voici une de ses lettres pointées : « Ma bonne mère. Je suis fâchée vous part vite, embrasser rien. Parce que je vous aime beaucoup. Je vous remercie oranges. Les sourdes-muettes contentes manger oranges. La bonne mère supérieure est très malade, elle tousse beaucoup. Monsieur médecin défend la bonne mère se promener, je suis très fâchée. Je bien savante prie pour vous bien portante. Sœur Blanche est mère pour Marthe, je prie pour sœur Blanche, je désire vous embrasser. Marthe Obrecht. »

(Cette orthographe est bien d'elle.) La dactylologie a servi pour lui apprendre l'orthographe des mots, et la *langue mimique pour la construction des phrases*.

Puis Marthe a appris l'écriture des voyants. Voici ce qu'elle écrit.

« Quand je suis venue ici pour m'instruire, j'étais seule, je ne pensais à rien, je ne comprenais rien, pour dire : *il faut toucher tout pour bien comprendre, faire des signes et apprendre l'alphabet pendant deux ans*. Après, pendant un an j'ai appris pointer comme les aveugles, maintenant, je suis heureuse de bien comprendre tout.

« Depuis deux ans j'ai voulu comprendre écrire comme les voyantes, j'écris bien un peu.

« Quand je suis venue ici ma maman est partie ; j'ai été très colère et crié bien fort. Les chères sœurs m'ont caressé beaucoup, j'ai été moins colère, je les aime bien, elles sont toujours bonnes pour moi.

« Je suis bien heureuse de comprendre tout. » Elle comprend tout en effet, même les vérités les plus hautes. Elle répond d'une manière étonnante à toutes les questions qui lui sont adressées *sur Dieu et sur l'âme*. La sœur Blanche, son institutrice, sa seconde mère, lui traduit toutes les instructions religieuses qui se font à la chapelle ; l'enfant saisit tout, rend compte de tout ce qui a été dit. Il faudrait la voir pour se rendre un compte exact du développement de son intelligence et de son angélique piété. Oui, Monsieur, c'est-là un enchaînement de prodiges.

Quand Marthe fit sa première communion, on lui demanda ses impressions, elle répondit : « Mon cœur est plein, plein de bonheur ; je ne sais pas comment le dire. » Bientôt sa piété devint si ardente qu'il lui fut permis de communier au moins deux fois la semaine, ce qu'elle a continué de faire avec une ferveur toujours égale.

Pauvre Marthe, pauvre infirme déshéritée de tout, dont la pensée ne recevait dans le cerveau que les sensations les plus obscures. Pas de lumière pour refléter la nature, pas de son pour en faire vibrer les harmonies. Quel sort d'une tristesse déchirante, même après avoir acquis l'art de développer ses pensées en les communiquant avec celles de ses semblables. Elle n'a pas connu l'amour, la richesse et ses sensualités. Les sourds sont déjà tristes; à quel degré de tristesse devait-elle arriver, même avec les consolations de l'amitié la plus dévouée.

Non, Marthe Obrecht aura eu une somme de bonheur mille fois plus grande que celle des riches les plus opulents et les plus sensuels. Demandez aux milliardaires du jour, s'ils ne donneraient pas toutes leurs fausses joies pour la plénitude de paix et de bonheur, dans ce colloque de tous les jours avec le bien aimé invisible.

Quoi ! la plus pure source de bonheur pour l'âme humaine serait un mirage ? Mais cette source désaltère : « celui qui boit de mon eau n'aura plus soif. » Est-ce une hallucination? Une hallucination de toute la vie ! compatible avec la conduite la plus sensée, la plus régulière, la plus honnête. Mais l'hallucination, c'est de placer le bonheur dans des joies qui amènent la satiété, le désenchantement et le malheur.

Le véritable but de la vie c'est le bonheur. Dans l'état naturel pour le corps comme pour l'âme, c'est la piété. L'homme est bien réellement un animal religieux.

Nous n'avons pu résister à cette digression, en enviant comme vous le bonheur dépeint par cette infortunée, car pour l'éprouver à ce degré, il faut arriver à un état de pureté qui n'est pas compatible avec la vie du monde. Il faut se cloîtrer comme elle l'était de sa nature. La privation d'une part centuple la puissance de l'autre.

Analysons maintenant cette observation unique encore dans les annales de la science.

Dans le développement de l'intelligence, chez cette infirme, il y a trois degrés :

1° Le langage *mimique* lui a fourni les signes conventionnels dont elle se servait avec son institutrice pour désigner les objets qu'elle étudiait par le toucher. Mais pour pouvoir faire cette convention, il lui fallait aussi la faculté, l'idée innée de saisir, de comprendre le rapport que l'institutrice mettait entre le signe pain et l'objet.

Si l'animal avait cette faculté, il serait facile de communiquer avec lui par le langage mimique, pour les relations usuelles ; car son observation et son jugement vont très loin sur les images sensationnelles, vue, son, odorat. Nous pourrions ainsi beaucoup mieux guider leur expérience. Il faudrait commencer par là pour voir si l'animal est accessible au langage. Il comprend bien certains gestes, certaines intonations du langage ; de son côté, il a des cris, des intonations pour exprimer certaines émotions. Mais il faudrait qu'il y eût réciprocité.

Le chien, bien plus intelligent que le singe, devine notre pensée dans notre regard, dans le ton de la voix. Mais l'éleveur le plus habile ne pourra jamais lui faire adopter un geste, un aboiement conventionnel pour désigner le pain quand il a faim, l'eau quand il a soif. Ce ne serait cependant que le premier pas dans le langage, ce ne serait pas aborder le langage abstrait.

2° Après cette étude des signes, des objets, un *nouvel éclair d'intelligence,* mais ici bien plus remarquable et que l'animal n'éprouvera jamais sans une faculté nouvelle, l'abstraction, montre à Marthe que le signe tactile peut servir de convention pour désigner, non plus l'objet touché, mais un sentiment, une passion, une chose qui n'est pas l'objet touché. Ce signe doit simplement servir à noter une émotion commune afin d'en rappeler le souvenir à l'occasion.

L'infirme fait acte d'impatience, de vanité de gourmandise ; son institutrice, par gestes, secousses, signes de négation, la réprimande. Elle se dit que ce doit être mal, l'institutrice lui dessine chaque fois un signe dans la main et Marthe comprend que ce signe sera celui dont on conviendra de se servir quand il sera question d'impatience, de vanité, de gourmandise.

Voici donc venir le signe type qui ne représente aucune chose par lui-même, inventé pour communiquer les idées que provoquent les sentiments, les passions de l'âme qui n'ont aucune image matérielle. La jalousie, l'avarice, l'orgueil n'ont aucun fond matériel connu dans notre corps. Quand la physionomie les exprime, c'est le moral qui s'étale. Avec la volonté l'homme peut se faire un masque impassible. C'est la répétition de l'émotion non réprimée qui finit par laisser ses traces, ses rides. Mais alors l'image est la conséquence de l'émotion de l'âme. Le signe, le mot qui exprime la jalousie, l'avarice, vient de la pensée et n'a aucune image dans la nature.

Voilà donc deux pensées emprisonnées dans leurs crânes qui, moyennant quelques annotations convenues, peuvent causer de leurs sentiments, de leurs passions et en analyser les effets. Tout le travail de la pensée, jugements, raisonnements, comparaisons, généralisations, déductions, se fait ici sans paroles. On peut donc penser sans parler sa pensée, et alors la cellule cérébrale n'est même plus indispensable pour enregistrer la pensée ; là partie importante de la mémoire peut être immatérielle. Elle ne s'accroche à la cellule que par quelques termes généraux, quelques points de repère, quelques jalons : bien, mal, gourmandise, impatience, vanité dont le cerveau doit enregistrer les signes. La pensée n'est donc pas fatalement partie intégrante du cerveau, elle peut être immatérielle.

3° Voici maintenant Marthe Obrecht abordant les plus pures abstractions.

Le sentiment de la beauté et de la valeur des étoffes par le toucher, les égards accordés aux prêtres, à l'évêque, éveillent l'idée abstraite de hiérarchie, au sommet de laquelle Marthe découvre Dieu, avec tous ses attributs.

N'est-ce pas le phénomène le plus étonnant ? Un seul genre d'images sensibles, les étoffes, servant de marche-pied pour escalader le ciel ! Oh ! l'adage est vrai à la lettre, sans l'idée étoffe Marthe ne connaissait peut-être pas Dieu. Mais les idées de Dieu et de ses attributs sont-elles contenues dans les idées, étoffes variées ; la valeur relative même de ces étoffes n'est-elle pas le produit d'un travail idéal, de même que l'observation des égards gradués suivant la dignité de chacun. Mais ne compliquons pas.

Posons le problème aux partisans de l'idée fille de la sensation. L'idée Dieu avec tous ses attributs, ce monde, a pour œuf l'étoffe ? Cela est contraire au bon sens. C'est cependant l'un ou l'autre. Si l'idée de Dieu n'est pas dans l'étoffe, elle est en nous, mais voilée, jusqu'au jour où la sensation indispensable nous ouvre l'entendement ; c'est là que résident ces idées de lumière, reliées entre elles en chapelet, pour se dérouler à la suite les unes des autres, mais ayant comme premier grain un caillou. Ainsi le voulut le créateur en créant cet amalgame de matière et d'esprit qui s'appelle homme.

Donc Marthe Obrecht, rien que par le langage

mimique, rien qu'en touchant les objets, arrive aux idées de morale, de l'âme, de Dieu avec toutes leurs conséquences. Ces objets touchés ne pouvaient être qu'un prétexte, une occasion à jalonner le travail immense qui se faisait dans l'entendement pour y *découvrir* toutes les idées innées, *mais voilées*.

Saisissez la gymnastique d'esprit qui se faisait entre Marthe et son institutrice comme deux enfants manœuvrant dans l'obscurité pour se rencontrer. Ces deux créatures épiaient une pensée commune, puis la touchaient, la palpaient et finalement l'annotaient par un signe. Puis de cette pensée, en découlant une suivante, on recherchait de nouveau dans les ténèbres jusqu'à ce qu'on arrivait à avoir la certitude de leur concordance et de leur exactitude ; et la seconde idée surgissait, ainsi annotée après la première ; ainsi de suite allant du connu à l'inconnu.

On ne se communique donc pas les idées, on ne se les donne pas, les sens ne les apportent pas, la parole, le livre ne les donnent pas ; les sens, les paroles, les livres ne servent qu'à dévoiler en nous les idées telles que les ont et les ont eues nos semblables. La chose seule qui est transmise, c'est l'ordre dans lequel elles ont été agencées par nos semblables, la marche qu'elles ont suivie pour les dévider à la suite les unes des autres. Si ce travail a été mal fait, au lieu de nous dévoiler en nous-même la vérité, il peut nous pousser à l'erreur, si notre jugement ne rétablit l'ordre dans les grains du chapelet.

C'est une partie d'échecs entre Paris et Philadelphie. On se transmet par l'écriture la position des pièces, on se communique les modifications que décide chaque joueur. L'échiquier, les pièces, les signes de l'écriture sont indispensables pour le jeu de deux pensées séparées par l'éloignement, par l'isolement, mais rien de tout cela n'est l'idée. L'idée c'est la valeur de convention donnée aux pièces. Les instruments de la pensée humaine, renfermée dans le crâne, peuvent donc être cellulaires, sans préjuger pour cela que l'idée et la pensée sont produites par la cellule.

Ceux qui observent le développement des idées chez l'enfant sont émerveillés de leur voir produire des jugements très suivis et très compliqués, avec les faibles notions que leur fournissent jusque-là les sens et la parole. Mais ici l'épreuve est complète. Le travail de la pensée prend tout son développement, sans la parole et avec de très rares images sensationnelles.

C'est donc une immense erreur de faire l'idée fille de la sensation. Ce qui nous trompe, c'est que l'image sensationnelle nous met en communication avec notre corps et avec la nature, et nous montre la corrélation qui existe entre les phénomènes qui en dépendent. Si ces notions ne nous étaient pas venues par les sens, nous aurions douté de la réalité de la matière et de notre corps.

Habitués à observer la nature, nous y cherchons des images, c'est-à-dire des comparaisons, surtout en poésie, pour colorer nos idées. Quand je dis soif de vérité, esprit lumineux, ce n'est pas la satisfaction de la soif qui me donne l'idée d'aspirer à la vérité ; ce n'est pas la lumière physique qui me conduit à trouver clair le style d'un auteur, mais l'union de l'esprit avec le corps trouve son compte à ces comparaisons, et notre âme s'en réjouit. Donc la pensée n'est pas dans l'image, dans la sensation, il faut la chercher ailleurs.

Le tout puissant a certainement fait le monde en idée avant de le réaliser, nous pourrions donc avoir l'idée du monde sans le connaître *de visu*, comme nous pourrons apprendre l'optique sans avoir vu la lumière, mais nous, si faciles à l'erreur et au sophisme, appelés à vivre de la substance du monde, il nous fallait le sentir réel avant de l'idéaliser.

La sourde-muette-aveugle ne connut jamais les beautés de la nature, mais son fait ne prouve-t-il pas que nous possédons les idées *en germes*, qu'elles ne peuvent être matérielles, qu'elles se singularisent, se signifient dans notre âme dès qu'elles se dévoilent, n'ayant besoin pour leurs multiples éclosions, que de quelques comparaisons prises dans le monde matériel, racine de tout un arbre idéal qui vit ensuite d'une lumière surnaturelle.

Trouvez la racine dans l'observation suivante.

J'avais l'âge où l'enfant épelle la prière, et où l'idée de Dieu se dévoile naturelle, radieuse, comme un soleil levant que les passions et les sophismes nébuleux, n'ont pas encore voilée. J'avais grand désir d'une chose et je dis avec vivacité la formule impérative, je veux. Ma Grand'mère me répondit avec son air grave et bon : « Mon fils, le roi dit, nous voulons ». Je compris, ce fut le chaînon qui devait me conduire aux idées de retenue, de dépendance, de soumission, de respect, d'autorité, de devoir et enfin de l'autorité souveraine, Dieu. Toute la morale, toute la théodicée pouvait en sortir comme Minerve, armée de pied en cap.

2° Role du signe
DANS LE TRAVAIL DE LA PENSÉE.

Le signe parlé exprimant le travail analytique de la pensée, a été un excellent guide pour en observer les fonctions, nous l'avons vu à l'étude de ces fonctions. En observant comment la pensée se sert du signe écrit, nous retirerons encore de précieuses observations. Nous pourrons après mieux dégager l'idée et enfin en connaître la nature.

Les peuples les plus anciens ont basé leur écriture sur l'image sensationnelle; tels les Mexicains, les Egyptiens, les Chinois. Ils nous montrent bien comment la pensée passe du concret à l'abstrait; cette faculté laisse bien l'impression que c'est l'image qui conduit à l'idée. Mais il faut observer qu'après avoir éveillé une idée abstraite comparable à une idée sensible, cette idée abstraite à son tour en éveille d'autres qui n'ont plus aucun rapport de similitude avec cette attache matérielle. Notre esprit ne saisissant que des rapports, il fallait en établir un entre le matériel et le spirituel de notre nature mixte; c'est ce rapport que nous avons appelé analogie, ainsi l'a établi le créateur.

Puisque dans la liaison des idées l'image écrite devient bientôt simplement conventionnelle, il était naturel de créer une écriture tout à fait conventionnelle qui, signifiant simplement les éléments de la parole, ne reproduisait que l'idée. Pour cela on s'est servi le plus souvent de la ligne, qui par ses formes serpentines et l'exiguité de son image permet d'en varier les contours à l'infini, suivant les besoins variés de toute espèce de signe. Son image frappe l'entendement sans le distraire par aucune ressemblance avec les objets sensibles.

En effet la ligne, c'est le pont jeté entre l'idéal et le matériel, c'est le tribut payé par la pensée immatérielle à la substance matérielle de son conjoint, elle s'appuie sur cette béquille pour aller pas à pas.

Pour prouver que la ligne, toute matérielle qu'elle se montre aux yeux, est idéale, écoutez-en la définition dérivée du point. Point, lieu sans étendue, donc sans image. Ligne, succession de points, étenduc en longueur, sans largeur. Qu'en pense ma cellule grise ?

Et cependant la ligne est partout dans la nature, et elle n'est nulle part; c'est la terminaison des objets, la silhouette, le profil de toute figure. Bien plus, elle caractérise d'un trait le désir, la passion, la pensée dominante.

Les croquis des grands maîtres sont plus intéressants que leurs tableaux, parce qu'ils expriment et dévoilent mieux leur pensée. Nos caricaturistes modernes ont acquis un talent incomparable, parce qu'avec une grande sobriété de lignes, pour ne pas surcharger l'attention, ils caractérisent une situation, un ridicule. Ce n'est plus une image du corps, c'est une image de l'âme !

C'est parce que la ligne est idéale dans sa matérialité, qu'elle se prête mieux à fixer la pensée. Elle a servi depuis les temps connus à fixer tous les langages, même le cunéiforme, où le style posait le trait sur la brique molle. Ce n'est pas l'image sensationnelle qu'on y regarde, c'est la forme conventionnelle. Elle dévoile dans l'âme, possédant la clé de ce langage et de cette écriture, les combinaisons d'idées de l'auteur correspondantes à celles qui sont déjà connues du lecteur; remarquez bien ceci. Ainsi les anciens nous parlent de plantes dont on n'a conservé ni la figure, ni la description. Nous ne saurons jamais à quelles plantes se rapportaient ces noms.

La parole, le livre, ne transmettent pas l'idée, ils la dévoilent en lui-même, dans sa propre pensée à celui qui comprend, *cum prehendere,* qui peut la prendre en soi telle que l'autre la possède, qui la saisit dans ses archives, en même temps que le signe lui dévoile celle de l'auteur.

Est-ce que les caractères imprimés de ma Bible ont la moindre émanation de la pensée de Moïse, depuis les trente-six siècles qu'il l'a consignée dans son premier manuscrit, suivi de tant de copies pour arriver jusqu'à nous? Est-ce que les briques assyriennes déchiffrées aujourd'hui, après trois mille ans, pour la première fois, ont subitement exhalé la pensée du peuple disparu? La supposition en est ridicule, la brique pour nous transmettre l'histoire assyrienne, était une lettre morte. Comment la faire revivre?

Il a fallu procéder comme on l'a fait pour la sourde-aveugle-muette. La difficulté était aussi de trouver une pensée commune. On la découvrit dans une proclamation gravée en évidence sur un rocher, à l'époque probable de Darius. Il y avait certainement le nom et les titres du monarque qui avait fait faire cette inscription ; on chercha donc les mots qui pourraient signifier Darius, roi ; on les trouva, on eut ainsi un commencement d'alphabet, et par de nouvelles similitudes d'idées, on put enfin reconstituer tout l'alphabet.

Mais chaque fois, il fallait présumer une idée

commune entre les lettres muettes et le chercheur. Ici, deux substantifs ont suffi, Darius, roi, existant déjà dans la pensée de l'inventeur, pour évoquer à la file les idées analogues. Comprendrions-nous Moïse, comprendrions-nous les annales assyriennes, s'il ne s'agissait d'idées, de substantifs déjà connus par nous. Connaissons-nous Darius, avons-nous son image sensationnelle, sa photographie? Non, le Créateur qui a prévu son existence est le seul qui puisse en avoir encore l'image. Mais depuis la mort de Darius, on n'a plus que la mémoire des faits qui ont exalté sa gloire, et tout ce que nous savons par Hérodote, c'est son nom, ce sont les détails de sa vie, dont les termes ne sont compris que parce que ces détails sont conformes aux notions de notre expérience.

A cette condition deux âmes emprisonnées dans leurs crânes, ont pu cependant entrer en communication à travers les siècles sans aucune effluve, aucune émanation de l'une à l'autre; et nous multiplions ainsi la tradition de nos pensées; c'est-à-dire la manière dont nous avons combiné les idées et les déductions par lesquelles nous en découvrons de nouvelles dans ce sanctuaire insaisissable que nous appelons l'entendement. C'est là que sont les idées, car l'évidence est là, elles ne viennent pas du dehors.

Qu'éveillent en notre âme les langages inconnus? Rien, car nous n'en avons pas l'idée. Comme la poste, comme le télégraphe, les sens et la cellule grise nous transmettent les signes parlés ou écrits de nos semblables ; c'est tout ce que la cellule cérébrale peut fournir à la pensée.

La vue des images de la nature est impuissante à l'initiation, à l'éducation de la pensée ; témoins les sourds-muets qui meurent instinctifs, s'ils n'ont pas le secours de l'instruction. Pour les signes du langage, il faut un initiateur qui, prenant chaque idée, chaque substantif, l'un après l'autre épelé, éveille dans l'esprit de l'élève l'idée correspondante, et lui apprenne les conséquences qu'en tire le professeur. Autrement l'élève ressemblerait à un de mes anciens camarades qui récitait sans broncher deux pages de Shakespeare dont il ne comprenait pas un seul mot. La cellule grise travaillait sans la participation de l'entendement. Preuve d'ailleurs, qu'il y a un appareil pour cet office, dont quelques vestiges existent peut-être chez le perroquet.

Le professeur dit une phrase, ce qui veut dire qu'il présente un jugement, une opinion sur les relations d'un sujet à ses attributs. Pour adopter ou refuser les conclusions de la leçon, il faut que l'élève possède, dans son entendement, l'idée du substantif et celles de ses attributs. Si l'élève en méconnaît une seule, la leçon n'est pas comprise et il faut que le professeur explique par des termes connus de l'élève la valeur du mot incompris, l'idée correspondante en étant méconnue. C'est ainsi que se fait l'instruction de l'enfant.

Donc pour comprendre le professeur, il faut être armé de toutes les connaissances qui serviront de base à la découverte successive des inconnues. Quand l'enfant s'est rendu compte des propriétés apparentes des corps, de la lumière, des phénomènes atmosphériques, vous l'amenez dans une chambre isolée, devant un tableau noir ; là, sauf pour lui représenter les instruments de vos investigations, vous n'employez que des lignes idéales, des chiffres, des lettres, qui ne doivent plus représenter à l'esprit les sensations originelles, les racines de toutes ces abstractions.

Par la parole, vous évoquez dans la pensée de l'élève tous les phénomènes observés. De rapport en rapport, vous lui en montrez tous les chaînons qui les relient entre eux et aux inconnus, aux intangibles que vous allez lui dévoiler. Vous lui montrez les lois auxquelles ils obéissent et l'unité où ils aboutissent pour former les mathématiques, la géométrie, la physique, l'astronomie.

Le paysage, le soleil, la lune, les étoiles... ne sont plus présents à vos démonstrations ; la contemplation de leurs images conservées dans les cellules cérébrales ne ferait que distraire l'élève, le nom seul prononcé suffit pour lui en rappeler la réalité au courant de la pensée. D'ailleurs la cellule grise n'a aucune image à présenter pour les notions d'espace, de volume, pour les rapports proportionnels de l'arithmétique, de l'algèbre, véritables abstractions impossibles à figurer. L'intelligence les note par un simple signe conventionnel qu'elle grave sur le clavier cérébral, l'imposant à la cellule grise au lieu d'en recevoir l'idée.

Pour bien se rendre compte de l'immatérialité des sciences, il faut prendre pour type la géométrie qui emploie seulement des lignes dont la signification est idéale ; nous arrivons ainsi à mesurer la distance de la terre à la lune, au soleil ; la durée et la direction de leurs mouvements réels ou apparents. Quelles images matérielles faut-il pour ces résultats prodigieux des chiffres ou des lignes ? Après, le génie humain invente les instruments nécessaires pour réaliser ses observations idéales.

Si ces belles sciences ne viennent pas du chiffre de la ligne, elles sont donc innées dans l'entendement, et c'est là que nous les découvrons.

L'animal verra bien des corps à peu près ronds, droits, carrés, anguleux, mais il n'aura jamais l'idée de la ligne, de l'angle, du cercle, du polygone, de l'ellipse qui sont de pures abstractions.

On sait que beaucoup d'intelligences sont arrêtées à la démonstration du carré de l'hypothénuse. Pour la cellule cérébrale, la figure géométrique du carré de l'hypothénuse est la même dans tous les cerveaux humains. La démonstration devrait donc en être comprise par tous si les idées nous viennent par les sens.

Tandis que si elles sont en nous, la variété des aptitudes s'explique.

Le grand organisateur, le grand architecte, après avoir créé les espèces, où il montre les ressources infinies de ses inventions pour produire les harmonies des êtres, par leur variété dans l'unité, donne encore à chaque être vivant des tendances et des aptitudes dissemblables.

A l'homme il donnera des aptitudes professionnelles, et il mettra pour cela dans l'entendement de chacun, en plus des idées communes, les idées qui lui sont le plus spécialement nécessaires, mais qui se dévoileront par le travail. Dans l'instinct de chaque animal il fixera au contraire les idées *qui sans étude, guideront les sens*, pour le travail dévolu à chacun d'eux.

Certainement l'expérience par l'observation des sens pourra, dans les espèces élevées, comme le chien, le cheval, perfectionner les aptitudes, mais ces aptitudes, avec les idées innées qu'elles comportent, se démontrent dès la naissance, et l'éducation par les sens ne dépasse jamais les tendances spécifiques. Il faut d'ailleurs tenir compte de l'influence de l'éducation par l'homme qui guide l'expérience de l'animal, qui produit les qualités des races. Il faut prendre pour sujet d'observation l'animal sauvage.

Le labeur de l'homme a bien avancé la science, grâce au concours de la méthode et d'un siècle d'observations. Qu'ont-ils fait tous ces savants ? Ils ont creusé par la pensée les phénomènes sensibles, ils en ont extrait le dessous caché, le substantif, l'idée, et lui ont donné un signe, de même pour tous les modes et qualités qu'ils y ont découverts, pour leurs rapports et les lois de leurs rapports. C'est la pensée, s'isolant pour mieux réfléchir, qui travaille sur ses idées signifiées, qui compare, généralise, proportionne, unifie, et découvre les mystères cachés sous les apparences, le plan suivant lequel tout a été fait.

N'est-ce pas la découverte pure et simple des idées qui existent réellement indépendantes de la matière, puisqu'elles se passent de la sensation perçue pour être combinées par l'âme éclairée d'une lumière surnaturelle.

Voyons, franchement, est-ce la sensation, est-ce le laboratoire, la cornue, le réactif qui ont imprégné le cerveau du matérialiste Berthelot pour lui faire découvrir les belles lois des combinaisons chimiques du carbone et de l'hydrogène ? Elles étaient donc dans l'entendement humain ; elles y étaient ensevelies jusqu'au jour où il a plu à leur véritable législateur de répondre à l'effort du savant, en lui donnant le moyen, la méthode de les mettre au jour ; guidant ses pas dans chaque opération successive, dans le labeur infatigable de ses recherches; toujours une pensée préconçue présidant et contrôlant les expériences nouvelles, comme la pensée du joueur d'échecs préside à la pose des pièces d'un échiquier.

Le mérite de l'inventeur est de faire mat la nature; cependant il veut aujourd'hui s'attribuer toute la gloire des découvertes dont il se déclare le créateur, le seul Dieu. Car il est la plus belle transformation de la matière, l'intellectuel parmi la vile multitude. Non, non, il ne crée pas, il trouve, il n'y a pas lieu de se glorifier. On surcharge inutilement la science des noms innombrables de ses plus petits pionniers. Remercions Dieu seul créateur, seul inventeur.

Et cependant l'a-t-on convié à nos belles expositions? Il est vrai qu'à la précédente, il y avait un prêtre de Boudha, qu'à celle-ci on lui conserve un temple. Si ce n'est pas une basse ironie, que nos savants adorent Boudha, puisqu'ils se croient indignes de notre Dieu, le seul qui illumina la raison dans toutes ses aspirations. Si le singe est l'ancêtre de l'homme, Boudha est le précurseur de Jésus. Mais ne comparez pas le Dieu qui est venu porter la liberté à l'homme et l'a fait son égal, avec le Dieu de l'anéantissement, cet instrument perfectionné de servitude et d'ignorance. Trouvez un inventeur parmi ses millions de sectateurs.

Dieu donna la méthode à Bacon qui s'en enorgueillit et s'en servit, le malheureux, pour apprendre à le renier. Pourquoi Dieu avait-il caché cet instrument divin aux Perses, aux Grecs, aux Romains ? Nos neveux le sauront lorsqu'ils auront vu les effets de la science moderne qui tend à supprimer les distances pour la pensée elle-même, à ne faire qu'un peuple pour la lutte des idées ; ce sera le combat suprême de l'Antechrist contre le Christ, de la matière contre l'idéal.

Après ce repos dans l'observation, il faut enfin tirer la conclusion que les idées ne viennent pas de l'image sensationnelle. Il nous semble bien démontré que dans les sciences, c'est la pensée qui découvre successivement, par induction et proportionnalité, le plan préconçu suivant lequel les atômes sont combinés par une intelligence sublime qui n'est ni carbone, ni calorique.

La science nomme, signifie l'aluminium avant de l'isoler, donc la sensation, dans ce cas, est fille de l'idée. La cellule cérébrale fut obligée d'enregistrer le signe aluminium avant d'en photographier l'image.

Le but de la science étant donc la recherche de l'inconnu, où étaient tous ces inconnus avant de les avoir trouvés ; car la science ne les crée pas, elle les invente, *invenire*, venir à la pensée, elle les découvre, ôter le voile.

Elles existaient donc ; où, dans la nature ? certainement, mais en combinaisons invisibles pour les cellules grises de toute l'humanité, de tous les siècles, jusqu'au jour où la raison, sondant les plans sublimes du grand architecte, les mit au jour, l'idée précédant toujours la sensation.

Si les images de la nature n'ont pu la montrer à nu, la science est donc intérieure, cachée dans l'entendement humain.

Il faut se rendre à l'évidence ; l'idée ne vient pas des sens : l'image naturelle n'est que la clé matérielle qui ouvre la porte de l'entendement, et les idées surgissent, se dévoilent, se découvrent les unes à la suite des autres. Il le fallait ainsi puisque l'homme est esprit et matière. Les idées alors se matérialisent, se substantifient par le signe et se fixent ainsi dans la cellule cérébrale par une image qui est l'expression d'une pure abstraction. Les images sensibles, par analogie, éveillent donc simplement les idées immatérielles, leur servent de support, jalonnent leur développement. Chez la sourde aveugle, les signes manuels convenus pour exprimer l'impatience, la gourmandise, le souvenir des diverses étoffes, restaient gravés dans la mémoire pour servir de point de repère. Voilà le minimum d'images naturelles qui sont indispensables au travail de la pensée. Les idées sont donc les éléments mêmes de la pensée, elles ne sont ni les images sensationnelles, ni les opérations de la pensée, avec lesquelles on les confond le plus souvent.

3° Conclusions sur les idées

Le dictionnaire est le recueil des idées, des substantifs, et des termes qui servent à les employer. Si le langage est la matérialisation de nos idées, le dictionnaire qui les résume toutes, nous donne la preuve de leur origine intellectuelle et non sensationnelle ; sauf pour les noms propres tous les substantifs y sont communs, abstraction faite par conséquent de toute image sensationnelle.

Nous pouvons nous en rapporter au langage, qui est l'art d'exprimer les idées, de les rendre sensibles. En compulsant le dictionnaire qui les énumère, il sera facile de voir que ces noms *signifient*, la manière d'être de tous les êtres et de toutes les choses, substantifs et attributs ; puis les éléments de tous les raisonnements que l'homme en déduit, des observations qu'il fait sur sa propre pensée, sur ses actes, sur ses passions, sa sensibilité, sa morale et enfin sur ses rapports avec la nature, avec ses semblables, avec Dieu.

Chaque idée que la raison découvre en elle-même à propos de ces milliers de phénomènes abstraits, elle les note par un substantif, et les termes dont elle se sert vont toujours en se généralisant, jusqu'aux synthèses des sciences physiques, psychiques, morales et surnaturelles. De là, elle découvre l'horizon immense des connaissances humaines, et les images physiques n'y sont plus rien que des souvenirs. C'est le panorama des idées humaines ; le voile est tombé aujourd'hui pour une grande partie. Cette science, Dieu seul a pu l'écrire dans notre âme, et elle est l'expression de ses propres œuvres.

Voici un exemple qui précise les rapports des idées de notre raison avec les idées divines.

Prenons la sensation la plus réelle, la plus poignante, la faim. Pour que le grand sympathique en apporte l'impression à l'âme, peut-être sans la faire passer par le cerveau, il a fallu que l'architecte divin, en disposant l'appareil sensationnel de la faim, en ait prévu toutes les conséquences.

Par suite de cette prévoyance, l'idée faim existait en prototype dans la pensée divine ; chacun de ses effets était prévu aussi indubitablement. Il y eut donc des prototypes pour les attributs, les adjectifs qualificatifs de l'idée substantive faim : tristesse, angoisse, torture, désir, assouvissement, plaisir, volupté, gourmandise, etc. Ainsi durent être consignés à leur tour tous les effets, tous les attributs de la tristesse, de l'angoisse, de la torture, de la gourmandise ; et en faisant des traités sur la tristesse, sur la gourmandise, sur la torture, nous ne faisons que noter les effets, la réalisation des idées d'après lesquelles furent enfantées les passions, furent prévues même toutes ces aberrations dont l'esprit de l'homme est capable, soit en gourmandise, soit, ce qui est plus monstrueux, en raffinement de torture.

Donc toutes les observations que nous ferons sur la faim et ses conséquences ne seront que le dépouillement, le développement de l'idée divine ; idée en germe dans cette partie invisible de notre être que nous appelons entendement, et qui doit être à portée de notre appareil cérébral.

Comment nous dirigeons-nous dans tous ces méandres de la pensée ? C'est en dévidant les replis innombrables de cette chaîne immense, et en trouvant le *rapport de l'un à l'autre* de ces chaînons. Ainsi l'a voulu la suprême puissance, en nous condamnant au travail de la pensée, comme au travail du corps. Nous atteignons ainsi les vérités divines, pourvu que notre volonté soit pure de toute préoccupation étrangère, punie alors par l'erreur si funeste au genre humain.

Les vérités sont au fond de notre âme, comme l'image des étoiles au fond d'un puits. L'astre céleste s'y reflète dans le cristal limpide, loin de toute lumière et de toute émotion troublantes.

Là est le livre qui contient le plan de la création toute entière. S'il y a un Dieu, sa nature étant d'être la parfaite puissance, le créateur de toutes choses, il a dû prévoir, dans un plan préconçu, tout ce qui est, tout ce qui devait être, tout le possible.

Déroulant ce plan immense, il en accentue tous les détails, par des signes invisibles, prototypes de toute idée, et il en met les linéaments plus ou moins étendus, suivant les aptitudes, dans l'entendement des humains, pour les faire participer par l'effort, par le travail, à son Verbe, à son Esprit, en attendant de les faire participer à sa béatitude.

Nous pouvons maintenant caractériser l'idée dont la signification n'est fixée nulle part d'une manière nette et précise.

L'idée est toute notion de notre raison qui peut se signifier par un substantif.

Le mot l'indique, l'esprit y constate une substance, une chose. La nature animale ne saisit qu'un phénomène, la raison en découvre la cause, l'idée.

Nous avons vu que tout adjectif, tout attribut, toute qualité, peut s'abstraire dans la pensée, renfermant en lui-même une idée que nous avons le droit de désigner par un substantif.

Mais nous prétendons en plus que le verbe sousentend toujours une idée, un substantif, ou son participe ; je pense, je suis un penseur ; j'ai froid, je suis un frileux ; les hommes se dépouillent, se brûlent, s'égorgent uns les autres ; vous en tirez le substantif dépouillement, vol, rapt, brûlure, incendie, homicide, égorgement. Analysez toutes les phrases, toutes les pensées, vous verrez que tous les verbes ont leur substantif, par conséquent leur idée sous-jacente.

Vous ferez en plus une remarque capitale, c'est que les deux verbes *je suis*, *j'ai*, sont les deux seuls verbes personnels ; c'est une simple constatation d'existence, de possession qui ne prend rien au dehors. Ces deux idées nous donnent la certitude de notre personnalité. Toutes les autres idées sont hors de nous. Notre jugement n'est donc lui-même que la constatation des idées divines, du Verbe, de la Vérité, sauf fausses déductions de notre part.

Donc, dans toute phrase, dans toute pensée, tout dérive des prototypes divins. Il n'y a de personnel à l'homme dans la pensée que son acte, son acquiescement ou son refus, son jugement, son verbe, sa sentence, *un oui, un non*. Il n'est dans le juste, dans le vrai, que lorsqu'il conclut suivant la raison divine, qui lui fournit les données, les idées de ses jugements.

De tout cela, il faut conclure que notre raison est une vibration de la raison divine, comme la lumière de nos cellules optiques est une vibration de la lumière physique. Celle-ci nous montre la nature, la lumière de notre raison nous montre la pensée divine.

Nous pensons en Dieu, nous n'existons que par la vertu divine, nous inventons en Dieu; nous n'avons à revendiquer, hélas ! que la paternité de nos erreurs.

Cessons de lutter contre le surnaturel, soumettons-nous à l'évidence. Il y a une pensée sublime, cette pensée signifia toutes choses, toutes les substances et tous leurs modes, en imposant les lois de leurs rapports, et ce sont les prototypes de nos idées. *C'est là toute la science.*

L'homme naît ignorant, à l'encontre des animaux instinctifs. Il est apte à connaître tous les rapports physiques et métaphysiques, moyennant d'en découvrir dans son for intérieur les idées prototypes, à la suite les unes des autres ; *car l'homme n'est fait que pour saisir les rapports des choses.* Seulement, par la parole, Dieu lui a permis de mettre en commun les capitaux acquis, et plus tard, par l'écriture, d'en emmagasiner les trésors.

Il récompense aujourd'hui ses travaux en lui dévoilant sa sublime législation. Oui, la science prouve que la nature a un législateur, elle donne ainsi la preuve la plus certaine de l'existence de Dieu.

Espérons que débarrassée des entraves corporelles, sensationnelles, l'âme verra enfin sans labeur, la plénitude de la science, ainsi que la substance, la cause première, l'architecte sublime qui a fait le monde, qui nous a faits.

Le beau jour, celui où Psyché, libre de sa caverne, déploiera ses ailes vers la Vérité, dans le firmament de la science totale, dans la lumière des lumières. *Et lux perpetua luceat nobis.*

Suivant les matérialistes le mouvement intellectuel et scientifique serait l'effet d'un atavisme cérébral qui se perfectionne. Si l'atavisme est vrai pour la transmission de certaines qualités ou de certains défauts corporels, il n'en est pas de même pour les facultés de l'âme.

Les enfants héritent rarement des qualités qui ont rendu célèbres leurs aïeux. Ils diffèrent entre eux généralement d'aptitudes. Du plus ignorant paysan peut naître un grand pape, un savant, un artiste éminent. Les peuples eux-mêmes ne peuvent pas transmettre leur génie à leur postérité.

Il n'y a donc pas d'atavisme pour les facultés intellectuelles, au contraire, la race des esprits cultivés s'abîme dans la folie, ou dans la stérilité.

CHAPITRE III

L'AME et SES FONCTIONS

DEFINITION DE L'HOMME

La Philosophie.

Il faut se méfier des systèmes philosophiques qui ne veulent relever que de la raison pure, tous incertains et contradictoires, puisque l'observation ne peut atteindre les principes. Sur ces questions vitales qui cependant sont l'objet de nos recherches constantes, il faut consulter notre sens intime, notre conscience. Celui qui a mis en nous les axiomes de la géométrie pour mesurer le ciel a bien pu nous en donner pour aller à lui. Il faut voir aussi s'il existe une doctrine révélée qui éclaire la raison sur ces problèmes essentiels. C'est ici qu'intervient justement la raison. Elle a le droit et le devoir de juger si les données présentées sont conformes à l'observation, à l'expérience des siècles, aux besoins de notre âme, aux questions qu'elle se pose sur ses destinées et si elles nous conduisent au bonheur, but suprême de notre être. Quand la raison trouve une révélation qui remplit toutes ces conditions, elle peut l'accepter avec orgueil, car elle remonte en pleine lumière jusqu'à son créateur.

Depuis l'étude de la pensée, nous avons quitté l'observation scientifique mais nous étions encore guidés par le langage. Maintenant nous voici en pleine abstraction.

Dès que l'homme n'a plus l'observation des sens pour reprendre pied, il perd sa force, il ne fait plus de la science. La raison, c'est Antée, quand Lucifer, porte-lumière, la soulève en lui promettant d'escalader le ciel, il la conduit dans les nuages des sophismes et l'étouffe. Il faut donc se méfier des systèmes philosophiques qui ne veulent relever que de la raison pure.

L'histoire des théories philosophiques est l'histoire des variations de l'esprit humain. Duruy, dans son histoire à l'usage des collégiens, le dit bien naïvement à propos de Descartes, « dont le système est tombé comme tombent *successivement* tous les systèmes philosophiques, » et cependant Descartes a inventé la meilleure méthode pour éviter l'erreur.

N'y puisez donc jamais votre morale, votre règle de conduite. Toutes ces théories de l'orgueil qui relèguent la révélation divine au dernier plan, vous conduiront à la chute des mœurs, au scepticisme.

Croyez-en saint François de Sales : (Amour de Dieu, IV-VII) :

« L'esprit humain est si faible que quand il veut trop curieusement rechercher les causes et raisons de la volonté divine, il s'embarrasse et entortille dans des filets de mille difficultés, desquelles par après il ne se peut déprendre. Il ressemble à la fumée, car en montant il se subtilise, et en se subtilisant il se dissipe. A force de vouloir relever nos discours ès choses divines par curiosité, nous nous évanouissons en nos pensées, et au lieu de parvenir à la science de la vérité, nous tombons en la folie de notre vanité. »

Avait-il lu les nuées d'Aristophane ? Il est certain que le divin Platon lui-même perd pied souvent et nous conduit à une triste république. Et nos modernes philosophes qui copient les anciens en n'inventant que des mots nouveaux, facile moyen d'équivoque, avec quel orgueil ils pontifient leur infaillibilité !

Certainement toute vérité vient de Dieu, mais soyez persuadés que les vérités que vous trouverez chez les philosophes sont pillées par le *démon* pour amener plus facilement les hommes à l'erreur et au malheur. Il y a du Lucifer dans tout philosophe qui se guide par son orgueil. Méfiez-vous, car le démon choisit, par l'intermédiaire des philosophes, les sophismes qui s'adaptent le mieux à chaque époque, à chaque peuple, à l'état d'âme de chacun.

C'est l'histoire des hérésies, fondrières et maquis, que le catholicisme a traversés sans broncher pendant dix-neuf cents ans. Preuve qu'il a la boussole de la vérité, la nuée lumineuse, l'étoile des Mages, l'Esprit de Dieu. Si vous aimez la philosophie, c'est là qu'il faut la puiser.

Le moindre bénéfice que le démon puisse retirer de la philosophie rationaliste, c'est de loger l'orgueil dans la morale indépendante, là il tient son homme.

Alors comment guider la raison dans l'étude de l'âme et de Dieu? Par le simple bon sens, par le sens commun, par la conscience. Il faut qu'en allant au fond de notre cœur et de notre raison, chacun de nous puisse se dire, grands et petits : c'est bien cela. Ce que ne font pas les philosophes entre eux.

L'Ame.

En étudiant les manifestations de la vie, nous avons énuméré les preuves de son immatérialité, nous n'y reviendrons pas. L'étudiant sur la plante, nous avons vu qu'elle ne se localisait dans aucune de ses parties et que cependant elle pouvait dans chacune de ces parties manifester sa présence, en produisant le bourgeon et la graine, c'est-à-dire, une autre elle-même.

Le principe de vie est donc tout entier partout à la

fois, mais il ne dépasse pas les limites de l'être vivant, sauf quand il crée de nouvelles vies, là encore il est toujours uni à la matière; nous ne pouvons donc pas l'isoler. Mais nous sommes bien obligés de reconnaître, dans les êtres organisés, un principe qui n'est ni la matière ni son énergie, car celle-ci, tout en servant aux fonctions de la chimie organique, n'en est pas moins, par ses vraies tendances, l'ennemie mortelle de la vie.

Donc, l'observation est d'accord avec l'instinct inné que tous les hommes ont, et ont toujours eu, pour accepter l'existence du surnaturel, d'une cause douée de cette même faculté que l'homme, seul des animaux possède à un degré suréminent, l'Intelligence, et que ne possède pas la matière. Notre intelligence, en effet, a des similitudes avec celle de la Cause créatrice, quand elle crée ses chefs-d'œuvre d'industrie, une machine à vapeur, un phonographe.

Comment appeler ce principe immatériel qui échappe à l'observation de nos sens? On est convenu d'en appeler chaque manifestation singulière du nom d'essence. Partout où il y a une manifestation prévoyante, intelligente il y a une essence; donc le principe de vie de la plante sera une essence. Chaque germe contient une essence qui préside dans sa prévoyance au développement de la plante, à sa durée et qui disparait à sa destruction sans que nous sachions ce que devient cette essence, de même que nous ne savons pas comment elle s'est centuplée dans la plante qui lui donna l'existence.

Du consentement général, cette essence prend, quand il s'agit des animaux, le nom d'âme ; et chez l'homme celui d'âme raisonnable, à cause de ses fonctions intellectuelles dont nous avons montré la suréminence : science, beaux-arts, industrie.

Il y a en effet une distinction à faire entre la plante et l'animal ; c'est que le végétal n'a que le principe vital tandis que l'animal a en plus un centre d'action particulier où se localisent les facultés qui caractérisent chaque animal doué de mouvement et de volonté. Ces facultés qui distinguent les espèces sont appelées instincts, et chez les animaux supérieurs, elles sont localisées dans l'appareil cérébral, mais le tout ne fait qu'un principe, une essence, une âme.

Quand nous reportons notre observation sur nous-même, nous avons bien conscience que notre moi est dans toutes les parties de notre corps jusqu'à ses extrémités, que cependant notre moi resterait tout entier, si on lui supprimait les quatre membres; qu'il est aussi dans ses organes intérieurs; qu'il ne fait qu'un avec le principe vital de ces organes. Notre âme est donc aussi dans notre cerveau, mais distincte de notre pensée et de notre volonté que l'observation nous oblige à localiser dans cet organe.

Quand la folie ou le délire détraquent l'appareil

cérébral et obscurcissent la pensée et la volonté, l'âme persiste bien, puisqu'aux yeux de tout le monde nous restons le même homme; quand nous sommes revenu à la santé, nous avons aussi la conviction que nous étions resté le même homme. Notre âme, distincte du principe vital de notre corps, mais ne faisant qu'un avec lui, est donc en plus localisée dans le cerveau pour ses deux fonctions principales, la raison et la volonté. C'est là qu'elle se soude, s'unifie avec la substance matérielle déjà animée dans la cellule cérébrale; celle-ci vivifiée une première fois déjà par la plante qui l'a nourrie. Mais l'ensemble ne fait qu'un, l'être personnel depuis la naissance jusqu'à la mort, raisonnable et volontaire.

Nous en avons conscience, notre moi est singulier, il est présent dans tout notre être, il ne fait qu'un avec notre corps et se caractérise par la pensée.

Tous les sophismes ne pourront nous enlever cette conviction, cette certitude. Si le philosophe nous trouble, faisons comme le personnage de Molière, donnons-lui des coups de bâton. La douleur sera toujours la grande preuve de notre personnalité.

Fonctions de l'âme.

Pour continuer à observer l'âme et la connaître dans toutes ses opérations, il faut aller la retrouver dans le crâne avec l'appareil cérébral, dans la chambre close invisible de l'imagination.

Que lui avons-nous vu faire jusqu'ici ? Elle pense, ce qui consiste à travailler sur les idées dévoilées et accumulées dans ses archives.

Mais est-elle toujours maîtresse de son attention, de sa direction ? Non, elle se lasse, elle est distraite ; des pensées inconnues, involontaires surgissent tout à coup ; des préoccupations, des passions violentes peuvent la dominer. D'autres fois elle volète d'une idée à une autre sans en poursuivre les conséquences. En plein sommeil apparaissent des pensées saugrenues, des images terribles, des images voluptueuses, et souvent le souvenir en disparaîtra avec le sommeil.

Ceci nous prouve que l'âme n'est pas absolument maîtresse de ses pensées, qu'elle doit craindre l'erreur, qu'elle peut être troublée par les passions. Bien plus, l'observation prouve que l'âme entend des voix étrangères qui lui suggèrent des pensées, la conseillent, la tentent. Il faudrait que l'appareil cérébral localisât toutes ces opérations et en rendît compte.

Mais continuons l'observation ; dans la manière même dont l'âme pense, on reconnaît que cette opération est un colloque. Nous avons dit que l'âme anime tout le corps, elle est donc distincte de la pensée qui est localisée dans le cerveau. La *pensée* présente ses données, le moi, *le juge*, délibère, il rend son jugement et la *volonté* exécute. Ces trois personnes sont bien distinctes car la volonté a son appareil correspondant dans le cerveau ; la pensée s'y trouve aussi, et l'âme, principe de vie, y est aussi, puisqu'elle anime tout le corps ; et cependant les trois ne font qu'un.

Saint François de Sales donne une idée des opérations de l'âme par cette comparaison : Une honnête demoiselle reçoit des ambassadeurs qui viennent lui proposer un mariage ; voilà la proposition de la pensée. Elle délibère, elle juge et se décide pour le mariage ; voilà l'âme en action dans son for intérieur. Elle peut encore changer de résolution. Mais elle a donné l'ordre à la volonté d'agir, celle-ci tient le jugement pour bon et le proclame ; mais rien n'est fait jusqu'au mariage conclu. Quand il s'agit d'une grande décision, d'un crime à commettre, il faut la participation du corps dans l'acte volontaire ; la responsabilité n'est complète que lorsque la volonté a mis en jeu l'appareil cérébral du mouvement. La paralysie ou l'inhabileté de l'appareil musculaire n'enlève pas la responsabilité. Mais la responsabilité sera atténuée, si c'est le repenti qui a arrêté le bras. On voit que cette trinité humaine, notre moi, résume toutes ses manifestations en un jugement, un verbe, un oui, un non, suivi d'un acte. *L'homme est une volonté douée de raison, c'est un acte délibéré, voilà son essence.*

Si la raison était le seul mobile de l'âme, nous

n'aurions qu'à éviter l'erreur, et la volonté irait sans encombre vers le bien, n'ayant à trouver que la vérité.

Mais l'homme est condamné à subir les effets douloureux ou agréables d'une double sensibilité, issue de sa double origine : sensibilité physique, sensibilité psychique. Il subit les sollicitations des appétits et des passions. Il n'est pas maître de détester le malheur, de ne pas aspirer au bonheur. Il a en lui un mobile constant, *le Désir*, l'amour qui ne fait qu'un avec la volonté. Heureusement que la pensée, la raison peut diriger ce mobile, sans cela la volonté ne serait qu'un instinct ; mais en réalité la volonté c'est l'amour, *c'est la tendance à la Béatitude*.

L'homme est donc une volonté douée de raison, impressionnée par la sensibilité, orientée vers le bonheur.

Telle est la volonté du créateur en faisant l'homme. Il lui donne la raison pour qu'il le connaisse dans ses œuvres, pour qu'il participe à ses idées, une volonté pour aspirer au bonheur ; une sensibilité pour y puiser ses éléments de bonheur.

S'il eût assouvi dans cette vie sa soif de béatitude, l'homme pouvait à la rigueur mourir tout entier, sa curiosité seule eût été déçue, mourant sans avoir vu la vérité, la science toute entière, son Créateur.

Mais nous savons tous que nos désirs dépassent toujours la somme de nos plus grandes voluptés ; que la plus grande partie du genre humain subit la privation, et le reste la décevante satiété. Dieu nous doit donc sa béatitude entrevue, encore plus que sa divine lumière. Nous ne pouvons mourir comme l'animal qui ne rêve pas d'un bonheur idéal.

Ce souci, depuis le premier vagissement, de fuir la douleur et de chercher tout ce qui peut contribuer au bonheur, porte l'homme à tout faire converger vers son bien-être, c'est ce qu'on a appelé du nom d'égoïsme.

L'observation vous a-t-elle enfin montré l'homme tout entier ? Non ! il reste une observation capitale que les matérialistes cherchent en vain à matérialiser. C'est la présence dans l'âme d'un mobile, d'un agent opposé à l'égoïsme, qu'ils décorent du nom d'altruisme, qui au fond serait le désir de faire du bien à ses semblables en espérant être payé de retour ; la morale de l'intérêt bien entendu qui n'expliquera jamais le dévouement, le sacrifice de la vie pour une noble cause, Dieu, la patrie. Car leur prétention de nous porter au sacrifice pour l'expansion et le progrès futur de l'animal homme est une idée cocasse, saugrenue. Vous ferez de la camaraderie, du cabotinage, des associations d'intérêts, de défense professionnelle : mais vous ne connaîtrez jamais l'amour du prochain pour l'amour de Dieu.

L'altruisme n'est que l'égoïsme déguisé. La morale indépendante, c'est-à-dire ne reconnaissant aucun Dieu justicier, c'est la loi privée de toute sanction. Dans sa forme la moins pernicieuse, c'est la conscience sans guide, livrée à tous les errements accumulés par les sophismes, les passions et les influences du milieu. Cette morale n'empêchera pas la jeunesse d'éprouver si la femme de son prochain a une morale indépendante ; quitte à rechercher plus tard dans sa future des principes très religieux et très dépendants. Aussi les malins les plus indépendants élèvent leurs filles au couvent.

C'est la morale du démon qui exalte l'orgueil en nous montrant combien grandes sont nos qualités ; combien méprisables ceux qui ne les ont pas ; combien légers et excusables sont nos défauts. Aussi aimons-nous ceux qui les ont. C'est la morale qui plaît au monde, mais Dieu n'est pas de ce monde.

L'explication matérialiste de l'altruisme ne trompe personne ; c'est la suprématie de l'égoïsme féroce qui rapporte tout à soi et où meurt l'amour factice du prochain chaque fois qu'il est en opposition avec l'intérêt personnel. L'altruisme, c'est la morale des loups qui se syndiquent pour la rapine.

Quel est donc le vrai mobile opposé à l'égoïsme? c'est la conscience, le sentiment du devoir. Il fallait tuer la conscience pour ravaler l'homme au niveau de l'animal et le dégager de la responsabilité qui lui pèse. Mais ils auront beau faire, quand ils auront commis un grand crime, tué, trahi, le remords se dressera contre leur sommeil. Quand ils auront sacrifié l'intérêt au devoir, accompli un acte d'héroïsme, il y aura un chœur d'anges qui chantera au fond du cœur. Il en est de même quand nous résistons à nos mauvaises passions.

Il y a donc auprès de l'âme, dans son for intérieur, une voix constante qui lui dit : ceci est bien, ceci est mal, fais-le, ne le fais pas ; et l'âme bourrelée trouve de la peine dans le plaisir, mais aussi de la joie dans le martyre. C'est la voix du devoir qui demande le respect et l'amour du prochain, et qui cause la joie quand nous l'écoutons, le remords quand nous lui résistons. Le maître souverain a donc voulu placer notre vraie béatitude dans l'accomplissement du devoir.

Est-ce tout ? Hélas, non ; en face, il y a une autre voix qui plaide en faveur de l'égoïsme et des sens, qui engourdit la conscience, voix féroce qui porte à sacrifier tout au ventre, seul but final de l'homme animal. Avec quel art elle présente le sophisme, elle soulève les passions, elle aiguise les appétits !

L'animal, cantonné dans ses instincts, ne connaît pas les raffinements épouvantables de ces luxures et de ces cruautés que l'histoire nous montre chez les despotes païens et musulmans.

Que tout souffre, que tout périsse, que l'univers s'anéantisse pourvu que l'égoïsme surnage !

Le savant sourit avec dédain quand on lui parle du démon. L'histoire de toute l'humanité est là cependant pour prouver son action néfaste. Si le démon tentateur n'existait pas, qui fausserait nos instincts, qui nous porterait à l'abus, au mal pour le plaisir du mal, au raffinement dans la cruauté ? Sans un principe du mal, la science du cœur humain est impossible.

Les grands penseurs ont conclu depuis longtemps : l'homme est un être tenté et porté vers le mal. Par qui? Dieu ne peut être le bien et le mal. Que dit l'expérience sur ce terrible problème de la conscience, de l'esprit du bien, de l'esprit du mal qui la sollicitent? Dieu ; d'abord le sentons-nous présent dans les replis de notre âme ? Il faut l'avoir chassé depuis longtemps pour en douter, pour ne pas l'y trouver personnel, conseiller affectueux. Nous croyons instinctivement que Dieu est le maître de notre âme puisque nous ne nous sommes pas faits; qu'il est le maître de notre corps et de l'Univers, puisque la matière est incapable de volonté et d'Intelligence. Nous ne l'avons jamais touché de nos sens, de nos nerfs, de nos cellules, et cependant nous avons la conviction qu'il est en nous.

Il faut de longs jours de sophismes créés par le jeu non réprimé de nos passions pour arriver au doute, qui disparaît presque toujours à l'heure de la mort. Mais dès la première enfance, quand notre mère nous dit de lui parler, nous lui parlons. Avez-vous réfléchi à cet instinct qui lance le regard dans le vide et y trouve l'Esprit? A douze ans, c'est un colloque délicieux, angélique, et nous avons même la conviction de toucher le corps adorable qu'Il prit pour s'approcher de notre humanité, pour nous enseigner le moyen le plus pur, le plus consolant de l'adorer.

Voyez ces peuples innombrables de saints qui depuis dix-neuf siècles ne vivent que pour ce colloque intérieur, pleins de joie et d'amour. Ils ont tout quitté pour ne vivre qu'avec l'hôte insaisissable de leur cœur et de leur raison; et ils sont morts, ils meurent tous les jours avec l'espoir dans le rédempteur, ils espèrent son pardon et sa béatitude, ils croient à sa pure révélation.

Il n'y a que les peuples pourris par les vices et l'orgueil qui s'inventent un corps de doctrine et d'erreurs pour essayer de chasser Dieu et de l'oublier. Mais encore aujourd'hui, Elisée Reclus vous dira qu'il n'y a pas un peuple qui ne l'entende, qui ne l'invoque même sous les formes les plus bizarres, s'en faisant une idée plus ou moins raisonnable, et qui, n'ayant pas le bonheur de le connaître dans ses sacrements, ne le cherche jusque dans le fétiche.

Mais si le culte du vrai Dieu est si dévoyé, qui

donc l'a faussé chez tant de peuples, qui l'a porté vers les forces de la matière chez les payens? D'où vint le scepticisme des philosophes grecs si polis, si civilisés; des romains instruits par Cicéron, par Sénèque? D'où vint la renaissance de leurs doutes et de leurs vices au xvie siècle, avec la propagation de leur séduisante littérature? Où a pris racine le séculaire rationalisme chinois dans les classes instruites, l'absurde théorie matérialiste qui s'abrite faussement sous le nom vénéré de la science? Logiquement, la négation de Dieu aboutit à donner la volonté et l'Intelligence à la matière, et à en priver l'humanité, triste jouet des cellules cérébrales.

Ce n'est pas Dieu certes, ce bon père que nous implorons et qu'on renie, ce n'est pas lui qui inspire ces erreurs, car elles le défigurent. Qui est-ce donc? dites-le nous bien vite, car il nous importe encore plus de connaître ce principe malfaisant, qui nous conduit au malheur, à l'égoïsme, à la révolte des sens, à la suprématie de l'orgueil, à l'anarchie.

Vous riez de ceux qui croient au démon, et lui rit en vous, de cet aveuglement si savamment amené par lui, lentement, obstinément, par marches et contre-marches ; inventant pour chaque époque sa thèse philosophique, son hérésie. Vous le verrez plus difficilement que Dieu dans votre cœur parce qu'il se cache et que Dieu ne demande qu'à se montrer.

Quand vous avez succombé aux appétits du sens rebelle, premier ministre de Satan, mon pauvre Faust; séduit une jeune fille, abandonné son enfant, causé leur mort, tué son frère et protecteur, mon pauvre vieux confrère, fils du génie de Gœthe, qui n'avez pas voulu mourir sans connaître la vie, qui vous a conseillé?

Comme tous les sophismes s'accumulent avec art pour flatter la passion dominante, jusqu'au jour de la justice divine, où le voile tombe, et le mal étant consommé, vous en déplorez trop tard les conséquences désastreuses. Si vous reveniez sur vous-même pour récapituler les phases de votre drame, comme vous y verriez la main astucieuse du mauvais conseiller, sachant faire vibrer à chaque moment voulu, la passion qui était dans la note, obscurcissant la raison par des sophismes absurdes mais aimés, parce qu'ils flattaient cette passion dominante qu'il fallait assouvir.

Et le démon n'existerait pas, le mal serait sans cause? Mais, direz-vous, si les démons existent, comment peuvent-ils s'occuper à toute heure à nous tourmenter? Et Dieu! comment admettre que, dans son immensité, il veuille s'abaisser à écouter les pulsations de ces millions de consciences humaines? c'est ridicule.

Ce qui est ridicule, c'est de limiter ce qui est sans limites, c'est de comparer au Tout Puissant cet infirme orgueilleux qui veut le toiser et le faire à son image. Le véritable anthropomorphisme, le voilà. Rappelez-vous la puissance physique du soleil, ce rayon X, gloire de la science, qui pénètre à la fois tous les corps. Ce que notre corps subit, notre âme ne peut-elle pas l'éprouver ?

Voulez-vous avoir une idée de l'immensité de Dieu, voyez comme il fait vibrer tout l'espace. Par une nuit d'Orient, contemplez ces millions d'étincelles, ce sont des millions de soleils qui nous envoient leurs ondulations distinctes, vagues entrecroisées dans l'océan de l'espace. Que dis-je ! l'océan ne vibre qu'à la surface, ici l'éther vibre dans tous les sens. Ces millions d'étoiles ont chacune une sphère vibrante dont le rayon dépasse la distance qui les sépare de notre œil ; ainsi elles influencent à la fois tous les corps contenus dans l'espace, sans confondre leur action, sans discontinuer depuis la naissance des mondes. Quel corps matériel est donc à l'abri de leurs regards simultanés. Et le Dieu qui alluma ces mondes, qui se délecte aux harmonies de ces lyres célestes, ne verrait pas dans notre âme, n'y ferait pas vibrer sa pensée du haut de son immobilité ; les puissances incorporelles de l'enfer ne pourraient pas non plus suggestionner notre âme ?

Concluons donc que la conscience est un fait indéniable, qu'elle est habitée, qu'elle est sollicitée par deux agents opposés. Maintenant nous connaissons l'homme complet.

L'homme est une volonté douée de raison, orientée vers le bonheur et sollicitée à cet effet par deux conseillers intimes, deux tentateurs: l'esprit du bien, l'esprit du mal. Voilà l'observation vraie, conforme à l'expérience des siècles.

Sommes-nous libres de choisir? Pour le matérialiste, le libre arbitre n'existe pas, car il ne croit ni à Dieu, ni à diable; sa science le lui a prouvé, lui qui ne peut saisir la substance matérielle et qui voudrait cependant enfermer Dieu dans sa cornue. Dieu ne dirige donc pas la conscience du matérialiste et l'homme, suivant lui, n'a qu'un mobile, l'égoïsme, quand il n'est pas le jouet de ses cellules cérébrales. Plus de responsabilité. Il est certain que le libre arbitre n'est pas le pouvoir d'agir à sa guise, heureusement pour l'humanité. Voyons en quoi il consiste, quelles en sont les limites.

D'abord l'homme n'est pas libre de ne pas rechercher le bonheur. Dieu l'a créé pour qu'il aspirât au bonheur, et certainement pour le lui donner, et cela dans le bien, c'est-à-dire en lui, puisqu'il est le souverain bien. Or, Dieu ne peut pas nous tromper.

Alors pourquoi l'homme a-t-il la liberté de chercher le bonheur dans le mal ? Certainement pour acquérir le mérite en le repoussant, la satisfaction de notre conscience nous le dit. Toute victoire mérite une récompense, Dieu veut bien ainsi devenir notre débiteur. L'honnête homme proscrit ne désespère jamais ; il attend de mourir pour trouver un juge réparateur.

Oui, si Dieu eût voulu faire de l'homme un animal, il ne lui eût pas infligé des tendances contraires, mais comme pour les animaux, il l'eût limité dans ses appétits, dans ses instincts. Il ne lui eût jamais permis d'être un fléau dévastateur pour ses semblables, pour les autres animaux, pour la nature inanimée elle-même.

Ce qui distingue l'homme de l'animal c'est qu'il a le pouvoir de violer la nature. L'homme seul a le pouvoir déréglé d'aller vers le mal. Y va-t-il fatalement ? Dieu a-t-il manqué son œuvre ? Notre conscience répond : non, contre les sophismes du matérialisme qui nie la liberté.

Que dit l'observation sur cette force de notre volonté, le libre arbitre qui fait notre responsabilité, mais aussi notre mérite ? Nous n'entrerons pas dans les détails d'une dissertation qui a peuplé les bibliothèques. Qu'il suffise de constater que nous n'avons pas toujours la puissance d'exécuter le bien ou le mal que nous voulons. La conscience dit que nous ne sommes responsables que de notre volonté et de l'effort produit. Voyez la comparaison de saint François de Sales pour les divers temps de l'action de l'âme.

Les impulsions sont nombreuses et variées, irrésistibles, suivant les matérialistes ; ce sont les passions, les appétits, les vices physiologiques, l'hérédité, l'habitude, la dangereuse habitude qui accumule les forces pour le mal, mais heureusement aussi pour le bien. N'est-il pas juste que les bonnes inspirations méprisées deviennent de plus en plus rares pour céder la place aux mauvaises qui leur sont préférées?

Il faut ajouter l'erreur aux causes de dégradation. L'éducation, l'enseignement quand ils faussent la conscience et la raison, par les mauvais exemples, par les fausses maximes, réduisent l'honnête aux proportions des arbres chinois, qu'une direction constante rabougrit aux proportions d'une plante d'appartement.

Mais la conscience ne meurt pas, et si vous mettez autant d'art et de temps pour lui redonner de la sève, elle s'épanouira de nouveau comme on l'a vu dans les bagnes, chez les filles repenties, où le régénéré meurt dans la paix du grand pardon.

On ne connaît plus la résistance à l'entraînement. J'ai l'observation d'un épileptique de naissance qui fut amené à l'hôpital pour un accès congestif de 36 heures. Il a 60 ans, sobre et vaillant il bêche son champ avec sa femme. Un jour, il y a huit ans, sa femme bêchait devant lui, et l'idée lui vint de la tuer en avançant le bras. Depuis, cette idée est toujours en tiers, entre lui et sa femme, tout le temps du travail.

Quand il le raconte, il rit, il sait bien que c'est une idée bizarre. J'hésitais à lui donner son exeat, mais son air calme et honnête m'a convaincu. Son bien est peu de chose, il mendie, ne songe pas à boire, je le recontre quelque fois, il aime toujours sa femme.

C'est cependant avec volupté que les Lombroso énumèrent toutes les causes qui entraînent en nous la volonté. Plus de criminels, et jamais il n'y eut tant de crimes. Ah ! c'est qu'on ne veut plus de la résistance, on ne connaît plus la gymnastique de la volonté, on n'a plus recours à Dieu pour lutter, à la prière, ce remède souverain, ce secours incomparable. Quoi qu'en pensent les intellectuels, il y a une conscience.

La main sur le gouvernail de la volonté, l'âme appuie à droite ou à gauche, vers le bien ou vers le mal, sans être maîtresse des événements, de la route suivie, car Dieu nous mène. L'âme n'est responsable que de la direction qu'elle donne à sa volonté et de l'effort produit. Pour ce dernier, Dieu jugera en quelle proportion il aura répondu à la force de résistance que sa providence donne gratuitement à chacun de nous. Car par nous-mêmes nous ne pouvons rien, pas plus que le machiniste ne peut agir sans un moteur, charbon, électricité.

La raison, c'est la boussole ; si elle s'affole, si elle se casse, l'homme n'est plus responsable de la route qu'il suit. La raison montre le chemin, l'âme commande oui, non, droite, gauche ; la volonté appuie sur le gouvernail et met la vapeur en mouvement. L'âme avance plus ou moins, suivant la quantité de vapeur qu'elle dépense ; il y a toujours une réserve, une grâce suffisante. Si l'âme se laisse entraîner au courant du mal et qu'elle sombre, la volonté est responsable.

Pour celui qui nie le devoir, qui place le bonheur dans le plaisir, dans l'égoïsme, la limite de sa conscience, c'est la cour d'assises. Que dis-je ! ne la craignez plus, on veut la supprimer ; vous ne serez qu'un simple détraqué. Ce qui est vrai, c'est qu'il n'y a plus de libre arbitre quand il n'y a plus qu'un mobile, l'égoïsme, car il rejette tout devoir qui le gêne.

Le matérialiste, en étouffant la conscience, devient un instinctif, mais un instinctif déséquilibré, l'animal terrible qui a dérobé le feu du ciel et manie le pétrole, qu'il faudra tôt ou tard enchaîner, s'il devient la multitude.

A quel moment l'homme perd-il réellement le libre arbitre ? à quel moment la raison se voile-t-elle, la volonté devient-elle impuissante ? Dieu seul le sait et jugera.

Mais la justice humaine doit juger le fait, sauf folie ou idiotie confirmée, et cela pour l'exemple. Avec la théorie des crimes passionnels, vous lâchez la bride aux malins, vous entraînez les faibles, enclins à l'imitation, et vous faites les vitrioleuses ; vous centuplez les crimes, vous énervez les volontés, vous propagez les suicides, vous faites des milliers de victimes pour sauver un prétendu innocent. Concluons, un peuple matérialiste peut être savant, mais il va droit à la servitude ; en titillant son égoïsme, en le prenant par l'intérêt, on en fera ce qu'on voudra, sa conscience est morphinisée.

Maintenant voilà l'homme complet, nous pouvons terminer sa définition.

L'homme est une volonté douée de raison et orientée vers le bonheur. Il a la liberté de le chercher dans le bien ou dans le mal, dans l'amour du Dieu qui l'a créé pour sa béatitude, ou dans l'égoïsme qui atrophie le cœur.

Job, malgré ses malheurs, s'orienta toujours vers le bien ; Néron, malgré la sagesse de Sénèque, s'orienta vers le mal.

Revenons maintenant au théâtre où se déroule le drame humain, à l'imagination enfermée dans l'encéphale, puis nous essayerons de discerner le rôle qu'y joue l'élément matériel.

Nous y trouvons la pensée qui travaille au contact des images sensationnelles gravées et des signes de ses pures abstractions ; la volonté y est aussi puisqu'elle actionne les cellules d'où partent les nerfs du mouvement. L'âme animant tout le corps y est aussi ; le Désir agissant sur la trinité humaine y est donc aussi, et par conséquent ses solliciteurs, le bien et le mal.

C'est donc dans le crâne solitaire, au contact de toute la substance cérébrale, sur la scène de l'imagination qu'agit le moi et que la tempête peut l'atteindre. La pensée raisonne, l'âme écoute, la volonté exécute et le représentant du bonheur, le désir, met le tout en mouvement. Il a pour auxiliaires, à droite la conscience qui montre le devoir et déclare le bien ; à gauche l'appétit, les passions, la satisfaction personnelle ou égoïsme, le bon.

De la condescendance à l'esprit du mal sortent les mauvaises pensées, les adultères, les fornications, les homicides, les larcins, l'avarice, les méchancetés, la fraude, les impudicités, les regards envieux, les blasphèmes, l'orgueil, la folie, c'est saint Paul qui l'a dit.

De la condescendance à l'esprit du bien jaillissent l'adoration, la prière, l'amour de Dieu et par suite du prochain, la miséricorde, le dévouement, la charité, la fidélité conjugale, le sacrifice pour les enfants, pour la patrie, pour la religion.

Voilà bien l'homme tout entier ; mais quelle part y occupe la matière personnifiée dans la cellule cérébrale ? Comment agissent les appétits, s'y localisent-ils ? L'ablation du cerveau sur le pigeon, en abolissant ses instincts, milite pour l'affirmative. Mais l'observation jusqu'ici ne va guère au delà. Les passions de l'essence spirituelle se mêlent-elles à la substance matérielle dans des cellules cérébrales ? Où est l'orgueil, l'avarice, la conscience ; Dieu, le démon, par quoi, par qui y sont-ils représentés ?

L'inattention, les distractions, les défaillances de la mémoire, les effets de l'ivresse, des narcotiques, les rêves, les hallucinations, la folie vraie dont fait partie certainement le dédoublement de la personnalité ; quand aurons-nous une solution scientifique de toutes ces questions ? Qu'y a-t-il de vrai dans le spiritisme, le magnétisme dont les résultats sont si vains qu'on ne peut pas même en faire un instrument de police ? Pourquoi ces pratiques ébranlent-elles la raison et n'ont-elles jusqu'ici produit que le mal ou des effets sans but, sans utilité pratique ?

Il n'y a qu'un phare pour nous guider dans ces questions, c'est que toute action notable vient du principe du bien, bienfaisant, du principe du mal, vain, ou malfaisant, donc, là où vous ne produisez pas le bien, abstenez-vous ; voilà l'homme dans tous ses actes.

Mais la cellule, comment la faire fonctionner ? Nous n'en sommes encore à connaître que des cellules sensationnelles et motrices ; et à soupçonner des cellules signes pour la matérialisation de la pensée.

Les lésions pathologiques qui s'accompagnent de troubles de la raison, n'ont pu encore donner des résultats vraiment scientifiques, malgré des travaux très remarquables et très consciencieux. C'est cependant l'étude de la folie qui pourra résoudre ce problème. Si un jour, la science conclut à l'unité d'action entre l'âme et la substance cérébrale, nous n'en deviendrons pas pour cela matérialistes, puisque le catholicisme admet une âme en deux substances qui doivent se ressouder dans le temps, après la mort. Mais par la description du principe vital, à propos de la plante, nous avons prouvé l'existence des substances immatérielles ; l'âme peut donc exister séparément et subsister. Souvenez-vous d'ailleurs qu'il faut un chef pour établir l'unité de direction dans chaque être, sous peine d'en faire honneur au génie, au concours simultané de milliards de cellules. Certainement la cellule elle-même est une preuve du génie inventif qui la créa, car elle assimile, excrète, secrète, procrée. Mais, il ne faut pas l'oublier, la matière n'a jamais su faire une cellule, ses forces au contraire, tendent à la détruire quand elles sont abandonnées à leurs tendances natives. La cellule elle-même exige donc un principe immatériel pour son origine, pour ses fonctions.

Quant à l'association cellulaire, pourrait-elle réellement créer les organismes dans les êtres complexes ? Non, car chaque genre de cellule est incapable de franchir ses limites : jamais une cellule nerveuse ne fera une cellule musculaire. Une cellule osseuse placée en quel point du corps qu'on voudra ne fera jamais que de l'os. Une cellule germe d'une véritable espèce ne donnera jamais naissance à une autre espèce. Quel anatomiste retrouvera à notre mort la cellule germinative qui nous a transmis les données de nos ancêtres ? Seule elle contenait cependant le principe intelligent qui pendant cent ans, s'il le faut, donne l'unité à tous nos organes et à tous leurs propres directeurs. Il faut donc toujours revenir à un principe vital et ses sous-ordres dirigeant l'être tout entier qui n'est ni matière, ni plasma cellulaire, avec un deuxième foyer distinct, lorsque l'être a une volonté, des relations extérieures, et le tout ne fait qu'un, l'âme.

Les matérialistes se font une joie maligne de nous demander si les animaux ont une âme. Mais oui, la Genèse elle-même le déclare (1). Que deviennent ces âmes animales affirmées par la Bible ? On ne le sait.

Mais nous n'avons pas besoin de faire immortelles la monade, la baleine pour immortaliser l'âme humaine. La raison, la conscience, nous l'avons prouvé, ouvrent un horizon qui s'étend et s'élève au-dessus de l'animalité.

La raison, en nous donnant la science des œuvres divines, nous met en rapport avec Dieu, nous le fait pressentir ; elle nous donne le droit de demander à le connaître, puisque notre raison est en contact avec la sienne. Notre conscience a le droit de demander à connaître les rapports qu'elle doit avoir avec Dieu, et à quelles conditions elle

(1) Et universis quæ moventur in terra et in quibus est anima vivens.

obtiendra la béatitude pressentie. L'acte le plus instinctif à l'homme de tous les temps, que le matérialiste le plus obstiné n'est jamais sûr de ne pas commettre un jour, la Prière, prouve que nous sommes appelés à entrer en communication avec Dieu.

Si toutes ces aspirations sont vaines, Dieu nous trompe, il est le mal. Alors d'où nous viendrait l'idée du Bien, du Parfait ? Nous aurions l'idée d'une chose qui n'existe pas ; nous serions meilleurs et plus intelligents que l'auteur de notre existence ; car c'est folie de tuer notre intelligence et notre personnalité pour tuer Dieu. Et l'idée de la justice réparatrice, c'est encore une hallucination ? Il ne faut pas dire que l'homme de bien trouve sa récompense dans cette vie. Les malins le savent bien et ils laissent aux naïfs, s'il y en a en pareille matière, les avantages de l'altruïsme.

Qu'est-ce que le bien, qu'est-ce que le mal ? qu'est-ce que Dieu, qu'est-ce que le démon, et quelle est la destinée de l'homme ?

En face des sophismes qui troublent la conscience, il faut répondre par l'observation. Nous avons prouvé, il est vrai, qu'une révélation divine pouvait seule nous le dire, et que, d'autre part, notre raison ne saisit ni les causes, ni les substances, qu'elle ne connaît ni l'origine, ni la fin de rien.

Mais en étudiant la religion catholique, on est

frappé de sa concordance constante avec la raison. Seule elle doit être une révélation, car seule elle est rationnelle dans toutes ses parties, seule elle donne une explication conforme à l'expérience, à l'observation de tous les phénomènes surnaturels et de conscience; seule elle conduit à la perfection du bien, ce qui prouve qu'elle vient de Dieu, source de tout bien. Toutes les religions, toutes les philosophies, sauf le catholicisme, ont un côté honteux, irrationnel. La religion catholique, apostolique et romaine seule surmonte les sens et l'orgueil en donnant, dès ici bas, la paix et le bonheur dans la plénitude de la raison.

Nous allons voir qu'elle est conforme en tous points à l'idée que notre raison peut se faire de la cause première, de Dieu.

Après avoir étudié la cause première et ses relations avec l'homme, en prenant simplement pour guide la raison, le bon sens, nous montrerons comment la révélation catholique s'accorde avec la raison pour présenter la théorie la plus pure, la plus vraisemblable des rapports de l'homme avec son créateur.

TOME III

CAUSE PREMIÈRE

CATHOLICISME

CHAPITRE PREMIER

CAUSE PREMIÈRE

Intelligence suprême

Après l'observation raisonnée de la Pensée et des idées, nous pouvons définir la Raison et l'Intelligence.

Cicéron dit : *ratio, quasi quædam lux vitæ.*

Intelligentia est per quam animus perspicit quæ sunt.

Cicéron confondait et n'exprimait qu'une idée, celle de la Raison. Mais le langage ne trompe pas, c'est la matérialisation de la Pensée.

Littré est plus observateur. Sans distinguer formellement, il donne deux racines au mot Intelligence conformément au langage vulgaire : *legere intus, eligere inter.*

La première racine est celle de la Raison, *lux vitæ*, c'est l'âme qui conçoit l'idée, et porte son jugement au moyen de la Pensée, cette lumière de l'âme, *intus legere* ; tandis que l'Intelligence proprement dite, c'est l'âme qui *choisit* ses moyens d'action, *inter-eligere* ; voilà la vraie racine de l'intelligence Quand nous disons qu'un animal est intelligent, il y a confusion ; c'est la finesse du jugement constatée *inter-legere,* si vous voulez.

La vraie Raison aboutit à savoir, à la Science ; l'Intelligence aboutit à l'action, à créer des formes que ne peuvent produire, ni les forces de la matière, ni l'instinct de l'animal : un téléphone, un torpilleur. Voilà ce qui distingue l'homme quand sa raison a acquis la Science divine pour modeler la matière.

De l'intelligence humaine, nous remontons logiquement à l'Intelligence de la cause première. Si on supprime l'une, il faut supprimer l'autre. Car l'homme lui-même, ce microcosme, cette invention, cette création qui résume le monde, ne s'est pas inventé lui-même ; il ne s'est pas créé, il est aussi enchaîné que la matière et par les mêmes chaînes. Ce n'est pas la matière qui l'a créé puisqu'elle ne sait pas créer la vie. Cette cause première que la science trouve, cette Raison suprême qui a tout ordonné par poids et mesures, est donc en même temps la suprême Intelligence, Celui qui a fait tous les êtres, sur un petit nombre de types huit en tout ; avec un choix infini de moyens, par des créations sans nombre, où l'invention se diversifie sans limites, par des procédés et avec une Prévoyance digne de l'admiration enthousiaste du savant.

La nature, par les combinaisons fatales de ses forces, n'a jamais pu faire un ciron, une monade ; et il y a dans un ciron le cachet d'une Intelligence aussi belle que dans un cuirassé. Or, nous ne construisons pas la plus simple machine sans en prévoir tous les rouages, sans en faire le plan, *Prævidens* ; nous la perpétuons aussi par les réparations qu'elle nécessite *Pro-videns*.

Donc la suprême Raison, la suprême Intelligence artistique et industrielle, le Tout-Puissant, est aussi le seul inventeur, le seul créateur, qui a tout Prévu et maintient tout par sa Providence, puisque tout se conserve dans l'intégrité et dans l'unité.

Celui qui est Tout-Puissant en face de la matière a-t-il des limites comme la puissance humaine, y a-t-il un Destin ?

En illuminant notre raison, Dieu nous a donné l'idée de l'Infini, qui n'existe pas dans la nature et c'est ainsi qu'il s'est défini : *ego sum, qui sum* Rien au-dessus de lui, rien au delà, rien qui l'ait précédé.

La preuve virtuelle, c'est que toutes les religions toutes les philosophies qui ont abouti au dualisme, sont tombées dans le faux, l'immoral et avilissent l'homme ; et cependant aucune philosophie, aucune religion n'a su aboutir encore aujourd'hui à la seule solution raisonnable, véritable : Un Dieu assez puissant pour tout dominer, sans confondre son essence avec celle du monde, et pouvant se suffire à lui-même dans la satisfaction éternelle du commerce divin de sa Trinité.

Tel le savant peut vivre satisfait dans le commerce de ses propres pensées, absorbé dans ses inventions. Voyez l'artiste, le peintre, le compositeur, le poëte ! Et vous, célibataires, n'enviez-vous pas le bonheur fermé du foyer ? Il suffit donc, qu'en Dieu, soient personnifiés chaque élément de notre propre trinité. Nous avons prouvé que notre raison est faite à l'image de Dieu, nous vivons donc dans le théomorphisme. Le véritable anthropomorphisme est l'action de donner à Dieu nos vices et nos faiblesses.

Cette solution d'un seul Dieu indépendant en trois personnes, toute rationnelle qu'elle est, ne se trouve que dans la tradition catholique; en Adam, Moïse et Jésus-Christ ; seule, elle la conserve dans sa pureté. Aujourd'hui même, ceux qui quittent cette tradition retombent dans le dualisme ou le matérialisme. Ceux qui ne veulent rien approfondir, acceptent un déisme confus, inutile, tombent dans l'indifférentisme. Et cependant, aux origines des peuples les plus anciens connus, Chinois, Assyriens, Égyptiens, on trouve le culte d'un seul Dieu. Quelle présomption pour que nous possédions la véritable révélation primitive ! Si cela est, nous devrons en retrouver les linéaments dénaturés dans les autres religions.

Il nous est donc permis d'affirmer que la suprême Raison, la suprême Intelligence, la suprême Puissance, a une essence distincte de ce monde, qui est son ouvrage, puisque la science n'y dévoile qu'un seul auteur. C'est donc lui qui dirige les forces brutes et les essences qui animent les êtres organisés.

Nous pouvons maintenont définir Dieu rationnellement.

Dieu maître souverain de la nature est infini. Il est d'une essence supérieure à celle de tous les êtres. Il est la suprême Raison qui a tout conçu, tout prévu, la suprême intelligence, qui a tout fait et qui conserve l'intégrité du monde par sa Providence.

L'homme participe de la Raison divine par la science, et de son intelligence, par son industrie. C'est ce qui le distingue de l'animal qui, n'ayant pas la raison, ne peut en avoir les langages ; n'ayant pas l'industrie, ne peut créer l'outil. Cette participation à la Raison divine rend raisonnable la croyance à l'immortalité, qui a dû nous être promise, car tous les peuples y croient, y ont cru. Seule elle peut combler nos aspirations légitimes en nous montrant la gloire de Dieu, la suprême science, en participant à sa béatitude, ce suprême bonheur.

But de la création.

Destinée de l'homme et de la nature.

Dieu ne peut être que la perfection. Ce qui lui manquerait serait d'un autre, et il ne serait plus le tout puissant. Il faut donc qu'il soit le centre de toute puissance, de toute qualité, de toute vertu.

La science corrobore cette idée en prouvant que l'Univers composé d'une seule substance et d'un seul moteur, obéit tout entier aux mêmes lois, et par conséquent à un seul maître.

Dieu ne pouvait faire l'homme parfait ; en effet, l'être créé ne pouvait être égal au créateur ; lorsque le créateur ne retranche aucune parcelle de sa substance, la chose est encore plus impossible. La partie ne peut être égale au tout, mais zéro ne peut être égal à la plus petite fraction de l'unité.

Si l'homme ne pouvait être parfait, il pouvait être perfectible, et sa perfection ne pouvait consister qu'à se rapprocher de Dieu. En admettant que Dieu ait créé le monde de rien, ce qui veut dire qu'il ne lui a communiqué aucune parcelle divine, voyons quel pouvait être le but du Tout-Puissant et du Parfait en créant l'homme.

Pour cela, mettons-nous, par la pensée, à la place du Créateur ; nous ne pourrions mieux faire pour concevoir la création. Il faut étudier l'insondable suivant l'étendue de notre raison. Dieu est certainement plus grand que notre capacité, mais nous ne pouvons le mesurer, que dans l'étendue de nos facultés. Nous ne pouvons reconnaître en lui d'autres attributs que ceux que nous trouvons en notre activité et non dans la nature qui est passive, inintelligente et assujettie.

Faisons donc à Dieu un cœur aussi grand, aussi généreux que nous pouvons l'imaginer. Dieu peut avoir des facultés plus grandes, plus nombreuses que les nôtres, mais il possède certainement toutes les nôtres au plus haut degré, sans quoi, d'où viendraient-elles, qui nous les aurait données? C'est ainsi que nous disons que Dieu est infiniment bon, infiniment aimable, tout puissant, juste mais miséricordieux. Personne ne peut être plus heureux que lui, doué d'un plus grand amour. En un mot, il faut qu'il ait toutes les qualités, toutes les vertus au plus haut degré, pour répondre à l'idée que nous nous faisons de ses perfections.

Dieu étant tout puissant ne peut créer par nécessité; étant le bien, il ne peut créer que pour faire le bonheur de ses créatures. Pour cela, il ne peut mieux faire que de les convier à sa béatitude. En retour, la reconnaissance veut qu'il en recueille la gloire, et n'oublions pas que, dans les annales de l'humanité, le comble de la gloire, c'est la victoire.

Tel doit être le but de la création, *ad majorem Dei gloriam*. C'est ce que nous démontrerons, tout à l'heure, après l'étude de l'homme.

Admettons maintenant que parmi les millions de terres, satellites stellaires, parmi les milliards d'êtres créés que Dieu y a mis, l'homme en soit le chef-d'œuvre.

Pourquoi, étant incontestablement celui de notre terre, ne le serait-il pas des autres planètes ? L'Univers entier n'est-il pas formé du même limon, des mêmes atomes, par le concours des mêmes forces ? Notre terre peut être aussi privilégiée que toute autre.

Avec notre intelligence qui ne peut être éclairée que par un rayon, un reflet de l'intelligence divine, cherchons à pénétrer le sentiment qui a pu diriger le créateur.

Quel est le sentiment de l'inventeur, de l'architecte, du poète, du peintre, du sculpteur en face de son chef-d'œuvre ? C'est l'amour qui peut aller jusqu'à la passion. Pygmalion en extase devant sa Galatée, la trouve sublime de beauté et se sent pris d'un attrait, d'un amour insensé. Il implore le ciel de donner une âme à sa statue pour pouvoir s'en faire aimer. Voilà ce que l'esprit de l'homme peut inventer. Donc si l'homme est le chef-d'œuvre de Dieu, Dieu a dû l'aimer en artiste divin.

La béatitude divine, immense dans l'amour réciproque des trois personnes divines, était complète, n'avait pas besoin de l'amour de l'homme. Mais dans son immensité, Dieu pouvait désirer de faire déborder cet amour, de communiquer sa béatitude à des êtres raisonnables, c'est-à-dire capables de les comprendre ; c'était le désir naturel d'un être bon. Titus n'était qu'un homme et il plaçait son bonheur à faire des heureux.

La générosité, la magnanimité, la bienfaisance, le dévouement, le sacrifice pour les humbles : tous ces sentiments sublimes que l'homme connaît, Dieu qui est tout bien, a certainement voulu les éprouver. Il ne pouvait cependant le faire dans la béatitude parfaite des trois personnes divines. Il fallait inventer des êtres inférieurs qui fussent l'objet de cette compassion. L'homme fut créé et l'idée de la Passion germa dans le sein de Dieu.

Notez que pour être l'objet de ces vertus de dévouement et de miséricorde, l'homme peut maintenant représenter le plus infime des êtres raisonnables de toutes les créations. L'hypothèse du chef-d'œuvre n'est plus nécessaire pour expliquer l'amour de Dieu. C'est dans la miséricorde que Dieu est le plus grand, car il relève la faiblesse impuissante à se relever elle-même. Donc le mobile d'un Dieu parfait, c'est la bonté, le désir d'aimer, d'être aimé.

Mais le cœur de l'homme connaît encore un autre sentiment qui le passionne jusqu'à lui faire affronter la mort. C'est l'amour de la gloire, c'est l'éclat et le rayonnement de la puissance, c'est le couronnement du génie. Un artiste ne se croit récompensé de ses peines que lorsqu'il est arrivé à la célébrité.

Un conquérant n'a la gloire que par les honneurs du triomphe. Mais il y a des gloires trompeuses, imméritées, des célébrités passagères. Dieu ne pouvait désirer que la gloire incomparable, étant le seul digne d'être glorifié.

Pour cela, il fallait manifester son éclat en dehors des trois personnes divines, coéternelles et égales entre elles; il fallait créer des intelligences capables de comprendre sa gloire, d'en contempler les rayons, de s'en pénétrer, et de les reporter vers l'astre divin en cantiques d'admiration, d'enthousiasme : saint, saint est le Dieu des armées, salut et gloire au plus haut des cieux.

Mais il y a plus que l'admiration, la vraie gloire est stérile si elle n'est bienfaisante ; la gloire parfaite est donc celle que s'attire la bienfaisance unie à la puissance. Dieu a donc voulu se montrer dans sa gloire infiniment miséricordieux. Il peut avoir d'autres modes sublimes que l'homme ne connaît pas; mais l'homme concevant une manière d'être qui donne la plus grande gloire possible à la puissance bienfaisante, cette gloire, Dieu devait la réaliser pour se placer à la hauteur des sentiments de vénération qu'il a mis dans le cœur de l'homme.

Si Dieu a aimé l'homme, s'il a désiré son amour, il ne pouvait mieux fortifier cet amour qu'en le basant sur l'admiration et la reconnaissance.

Mais la gloire est-elle bien toute entière dans la puissance unie à la bienfaisance ? Non, l'homme la comprend plus complète ; il lui faut la victoire, et pour cela, il faut l'effort, la lutte, il faut vaincre.

Comment Dieu pourrait-il avoir le mérite de la victoire, lui qui de sa nature est tout-puissant? Vous entrevoyez déjà la solution catholique sur tous ces problèmes ; le drame du monde suivant Moïse, le plus ancien historien, suivant les prophètes et suivant le Christ.

Vous jugerez s'il peut y avoir une plus belle théorie de la destinée de l'homme et de la gloire de Dieu. Mais si vous niez, si le sourire du scepticisme effleure vos lèvres, malheur à vous, car vous n'aurez plus la clé du sanctuaire de la vérité. Votre esprit retombe dans l'enfer du doute, de l'erreur, de la désespérance.

Nul recours dans la philosophie, car toute philosophie a un côté nébuleux et manque de sanction, et toutes les autres religions se montrent boiteuses et entachées d'immoralité.

Commençons par l'homme ; voyons comment il dût être rationnellement formé suivant ces prémisses.

Dieu fait l'homme à son image.
Il lui donne la raison, la parole, la volonté, la liberté et un cœur pour s'en faire aimer.

La raison. — Si Dieu a été porté d'une affection singulière, d'un véritable amour, pour le type le plus parfait de sa création terrestre, s'il a voulu lui faire dépasser la somme des joies dévolues à la nature animale, et participer à la béatitude divine, comment pouvait-il s'y prendre ?

Il fallait d'abord lui donner la raison, qui est la faculté de découvrir en Dieu les causes de toutes choses, la vérité. La vérité se divise en deux branches : les sciences naturelles qui concernent la matière et les êtres vivants, et la science surnaturelle ou connaissance de la cause première du monde, de ses attributs et des rapports de l'être créé avec cette cause première. Seul des animaux, l'homme a la science, seul, sous le phénomène, il découvre les causes et les lois qui les relient dans l'unité. Mais il ne s'arrête pas en chemin, et franchissant la matière, il cherche la cause des causes.

Hélas ! il s'aperçoit bientôt que la science ne peut la lui montrer. Il comprend cependant que seul des animaux, par la raison il possède l'aptitude à s'élever vers Dieu. Il crée alors sa métaphysique qui lui prouve la nécessité d'un Dieu unique et tout puissant, qui lui en montre les attributs nécessaires. Sa pensée découvre ce qu'il doit être, mais elle est impuissante à le révéler.

Entre les sciences physiques et métaphysiques, se placent les sciences mathématiques, bien faites pour nous acheminer à la science du surnaturel, car elles nous élèvent au-dessus du phénomène, dans la région de l'abstraction pure et nous donnent la clé de la législation par laquelle Dieu régit le monde physique. Elles nous amènent, de rapports en rapports, à relier tous les phénomènes de la nature sous un seul législateur.

Le principe des découvertes scientifiques, c'est la connaissance du code qui régit la nature. La loi, c'est le levier qui soulève le monde, celui dont se servit Archimède dans son bain, sans s'en douter, quand il s'écria : je l'ai trouvé! C'est la loi qui indiqua à Leverrier l'existence nécessaire d'une planète et l'endroit qu'elle devait occuper.

Or qui a fait la loi ? ce n'est pas la nature qu'elle enchaîne. C'est donc Dieu cause première, puissante, intelligente, prévoyante. Par la connaissance des lois et leur application, notre raison participe de la nature divine et domine la matière.

Nous ne pouvons saisir Dieu, pas plus que les substances matérielles, mais les sciences mathématiques nous le montrent souverain législateur, et c'est la plus grande preuve de son existence que la raison puisse nous donner.

La parole. — La théorie du langage se développant naturellement chez les premiers hommes, est un roman scientifique, puisque l'observation montre que tous les hommes ayant la faculté innée des langages, ne peuvent cependant développer cette étincelle divine sans le secours de l'enseignement. Nous l'avons démontré à l'article des Idées.

La science, d'accord avec la Genèse, dit : Dieu parla à l'homme et lui nomma tous les animaux.

Mais c'est surtout pour les notions de morale qu'une règle primitive était nécessaire.

Si le savant n'interroge pas sa conscience dans sa pureté native pour connaître la législation intétérieure de ses mœurs, il tombe dans l'erreur et le sophisme de toute sa hauteur. L'orgueil et les passions font trébucher la raison. Il est encore plus malheureux, car il a à lutter contre les erreurs philosophiques et religieuses de son temps, et il en a toujours eu. Aussi est-il plus facile de montrer la pure lumière aux ignorants, aux pauvres d'esprit. Mais cette conscience si facile à troubler ne peut être qu'un phénomène d'atavisme, le souvenir d'un code primitif, de la grande révélation par laquelle Dieu dut enseigner au commencement ses devoirs à l'homme, en se dévoilant à lui, en éclairant sa raison par la parole.

L'homme, esprit et matière, en une seule personne, est incapable de communiquer avec Dieu sans l'intermédiaire des sens. Sa raison lui prouve virtuellement l'existence de Dieu, mais elle ne peut le lui montrer. Elle ne peut le comprendre, l'essence de Dieu est inaccessible à l'observation.

Les religions ont la prétention de nous transmettre la révélation divine. Etudiez-les, et vous verrez vite que si elles ont conservé quelques fragments informes des révélations mosaïques, la religion catholique seule remonte historiquement jusqu'au premier homme, et donne la théorie la plus logique, la plus honnête et la plus consolante des rapports de l'homme avec Dieu ; ce qui milite en faveur de la vérité, de l'authenticité de sa révélation.

C'est le but de cet opuscule de montrer qu'elle est la seule rationnelle, que l'homme ne peut concevoir une idée plus sublime de la cause première et de ses rapports avec l'homme. Elle a le rare bonheur de rendre compte de tous les faits de conscience, elle est seule capable de faire le bonheur de l'ignorant, tout en l'éclairant d'une pure lumière, la paix et la joie du savant, en satisfaisant sa raison. D'autre part, son authenticité historique est incontestable. Les controverses de ce siècle n'ont servi qu'à le mieux prouver. Peut-il y avoir des preuves plus évidentes de sa vérité ?

Cette révélation divine était-elle nécessaire ? Oui, étant donnée la destinée de l'homme à une fin surnaturelle ; pour cette communication surnaturelle, nous venons de le dire, Dieu était obligé de se révéler, de prendre une forme visible, de parler. *Nihil est in intellectu quin prius fuerit in sensu.* L'homme ne peut rien apprendre de la nature ou de ses semblables sans une image sensible ou un signe de convention qui pénètre la substance cérébrale et va porter à l'âme emprisonnée le fait extérieur, la pensée d'autrui et le moyen de combiner toutes les abstractions, toutes les pensées qui en découlent.

L'homme est à la lettre un être enseigné, *in signum*. Si on ne parlait pas à l'homme enfant, pour dévoiler dans les profondeurs de son âme les clartés de sa raison et de sa conscience, l'humanité resterait toute entière dans l'état primitif des sourds-muets, qui n'ont que les instincts les plus rudimentaires. Mais ne sachant pas se créer un langage, tous ont la faculté innée de comprendre facilement celui qu'on leur montre.

L'expérience et le raisonnement montrent donc que pour le fonctionnement de la raison, Dieu dut donner à l'homme la parole, et qu'il ne pouvait se manifester à sa nature psycho-animale qu'en se révélant à la vue ou à l'ouïe. Il est donc raisonnable de croire que Dieu, dans sa bonté, a bien voulu se révéler à nos sens pour nous donner un langage et pour nous indiquer les rapports qu'il voulait avoir avec nous. La révélation, la religion s'imposaient.

Voilà donc l'homme doué de la raison, de la parole et apte à communiquer avec Dieu. Comment va-t-il participer à sa béatitude? Il n'y a qu'un mode digne de la majesté divine, c'est par un amour libre et volontaire.

Puisque Dieu est immense; il peut communiquer sans limite sa béatitude au Fils et au Saint-Esprit, trois personnes qui ont la même substance. Mais en dehors de la Trinité, il n'y a pas d'être existant par lui-même. L'être créé, *ex nihilo*, la matière, l'animal ne peuvent rien avoir en propre, autrement ils seraient Dieu aussi.

Il fallait après la raison, ou faculté de le comprendre, que Dieu donnât à l'homme une activité propre, l'individualité et l'autonomie, qui entraînent la faculté de faire ou de ne pas faire, de rechercher ou de fuir, d'accepter ou de refuser, la volonté, en quoi consiste la liberté, et par contrecoup la responsabilité. Il lui donne aussi l'amour.

Un penchant irrésistible est un instinct, c'est le lot de l'animalité. Mais pour que l'amour se donne, il faut qu'il trouve un cœur disposé à sympathiser dans sa liberté, il faut que l'être aimé puisse se refuser, l'amour généreux ne veut rien de servile.

Certainement, pour se décider, la volonté consulte la raison, supporte les impulsions des sens et des passions, mais elle reste libre d'accéder ou de refuser. Si l'homme aime son Dieu, il ne faut pas que ce soit un entraînement aveugle, irrésistible, il faut que son amour émane de son choix, de sa volonté, sans cela son amour ne peut être digne de Dieu.

L'amour du chien, ce fidèle serviteur, ne nous suffit pas; notre amour est plus grand, il veut être partagé par nos égaux, il peut même s'élever jusqu'à un trône, jusqu'à une reine et s'envoler par dessus tous les amours, vers l'idéal de la beauté et de la gloire.

Seul des animaux, l'homme connaît la Prière, non pas seulement la prière qui implore, mais la prière qui exhale l'amour, l'adoration. Il est donc conformé pour se rapprocher de Dieu par sa volonté libre, par le désir, il peut enfin aimer Dieu. Sa raison peut lui faire admirer l'artiste divin et lui faire fléchir le genou en reconnaissant sa bonté paternelle. L'homme peut s'essayer à devenir Saint pour approcher de la sainteté de Dieu.

Dieu peut ainsi appeler l'homme, l'attirer à lui pour lui communiquer sa béatitude ; l'amour aura un foyer distinct et pourra ainsi se multiplier toujours au dehors, quelque étendue qu'ait déjà le foyer divin entre les trois personnes divines, l'homme n'a plus qu'à vouloir. Dieu, en communiquant son amour, ne pouvait qu'en désirer l'expansion ; le moyen de le multiplier, c'était de faire des êtres à son image et d'allumer en eux le flambeau de l'amour, le désir du bonheur, c'est ce qu'il a fait. En tout temps et partout, l'homme prie, a prié et priera. Quelque imparfaite que soit en lui la notion divine, ou l'instinct du surnaturel, il adore, et ne trouvant pas le bonheur sur cette terre, il le cherchera en son créateur.

L'homme est-il réellement libre ? Oui ; la raison est caractérisée par la pensée qui choisit librement ses motifs d'action en vue de sa béatitude.

Pour résoudre la question, il faut continuer à observer l'homme dans son essence. L'homme réduit à ses éléments essentiels, est une individualité sollicitée par la raison et les sensations. La pensée est provoquée par les phénomènes extérieurs et intimes : la nature, le corps, les passions, l'imagination et les sollicitations morales. Ce sont là toutes les sources de la sensibilité ; elles attaquent le moi, et il ne peut en éviter les émotions.

La sensibilité a donc été mise en nous par une main étrangère puisqu'elle nous provoque. Elle n'est pas partie intégrante de notre individualité. Nous constatons seulement que ces émotions nous sont agréables ou désagréables, qu'elles sont pour le moi un sujet d'attraction ou de répulsion.

Pouvons-nous réagir contre ces impulsions ? certainement, donc en ce sens nous sommes libres ; voilà pour la sensibilité. Mais il n'y a pas que les impulsions de ce non moi, de la sensibilité, de l'impressionnabilité qui provoquent notre action. Il y a aussi les jugements et les résolutions du moi que la raison formule sur les abstractions produites par sa pensée.

Dès que le moi a porté son jugement, dès qu'il a déclaré une chose bonne ou mauvaise, utile ou nuisible, il l'accepte ou s'en éloigne. La raison sollicite donc la volonté et peut lui faire remporter la victoire sur les impulsions de sa sensibilité, c'est la liberté.

Cette liberté, les animaux eux-mêmes peuvent la pratiquer dans l'étendue des jugements sommaires qu'ils font sur les images sensationnelles, dans les limites de leurs instincts.

Mais l'homme est en outre sollicité par une impulsion intérieure qu'il appelle Conscience. Elle lui dit que tout ce qui est agréable ou utile n'est pas permis, que le bon n'est pas le bien, que l'homme est assujetti à la loi morale, au devoir.

Les matérialistes, en niant ce dernier mobile, heurtent l'observation séculaire et essayent vainement d'en faire une modification de l'égoïsme, nous ne reviendrons pas sur cette question.

Voilà tout l'homme : c'est une volonté sollicitée par les divers modes de sa sensibilité, les appétits ; par les jugements de sa pensée, la raison ; et enfin par la conscience que l'homme finit toujours par trouver d'accord avec la raison.

Mais la conscience apporte un nouveau facteur au problème humain. C'est la loi morale, la notion sublime du bien et du mal, du juste et de l'injuste, qui peut mettre en lutte la conscience avec le désir, le bien avec le bon, le devoir avec l'intérêt.

Que dit l'observation sur ce problème terrible qui va avoir pour conséquence la responsabilité, le mérite, et élever l'homme au-dessus de l'animalité ?

L'âme, volonté libre, c'est sa conviction intime, constamment sollicitée par sa sensibilité et les jugements de sa pensée, a conscience qu'elle est toujours responsable de ses décisions, et qu'elle ne peut être irresponsable que par la folie ou l'impuissance à faire le bien.

En face des milliers de sollicitations, d'entraînements produits par sa sensibilité et son intelligence, l'homme a donc la conscience certaine qu'il possède cependant une sorte de liberté, c'est de vouloir ou de ne pas vouloir, d'accepter ou de refuser.

Il peut être vaincu par la faiblesse de la nature, entraîné par l'erreur, mais rien ne peut vaincre la tendance, le désir de bien faire ou de mal faire, d'aller vers l'appétit ou le devoir. L'homme, la main sur le gouvernail de sa volonté, a la liberté de pousser à droite ou à gauche, et c'est tout. Sa volonté est renfermée dans les rives infranchissables de la volonté et de la providence divines; le courant peut l'entraîner malgré lui, il n'est responsable que de l'effort. La responsabilité et le mérite sont dans l'intention effective, *in tendere*. Il peut tendre vers les tourbillons de la rive rocheuse ou vers la plaine fertile, Dieu tient compte de son effort, car sa liberté ne s'étend pas plus loin, sans quoi, l'homme dominerait la volonté divine.

Mais pour que la délibération, pour que la lutte soient possibles, il faut que dans le moi, il y ait plus que l'être physique, il faut l'âme, l'être moral L'animal n'a pas la loi morale. L'homme a bien conscience de sa double nature dans une seule personnalité sans quoi la loi morale se confondrait avec les appétits physiques. Le bien serait le bon le juste serait l'utile. Un animal en consultant les images sensationnelles de ses cellules cérébrales, peut prendre une décision. Cela ne veut pas dire que ce sera la somme des cellules prépondérantes, qui produira l'action, non. Pour l'honneur de l'architecte divin, l'animal a une âme, un moi, qui veut, qui agit, l'être dirigeant, volontaire. Il faudrait toujours trouver la maîtresse cellule, la mère de la ruche, nous en sommes loin. Seulement les matérialistes ont raison de nier le libre arbitre en niant la vertu. L'homme à qui la conscience ne parle plus est un instinctif, un animal; il n'a qu'à peser les moyens les plus sûrs pour sa conservation et ses satisfactions. Il n'a plus à délibérer puisqu'il n'a plus qu'un mobile; il n'a plus la notion du bien, du devoir, il étouffe la conscience et ne connaît plus Dieu. Mais malheur à lui, car l'homme n'est pas un animal pondéré. Enclin vers le mal, il ira fatalement vers le malheur; ne vous fiez pas aux apparences.

Ceux qui nient le libre arbitre placent la volonté indécise sur une balance où le poids des appétits et les sollicitations de l'imagination la font fatalement pencher. Le sens intime nous dit le contraire; le libre arbitre, à cheval sur les plateaux, appuie souvent du côté du plaisir malgré le poids de la raison et du remords; du côté du devoir malgré l'attrait si pesant du plaisir et malgré les tristesses, les douleurs, les supplices même qui peuvent être la conséquence de l'application du devoir.

Mais il est bien vrai que la vie se passe dans des sollicitations constantes et opposées ; qu'il y a le plateau du bien et le plateau du mal, et que ce n'est pas l'homme qui y met les poids. Il ne se sollicite pas lui-même, il n'est pas son propre tentateur. Il a toujours personnifié en deux principes opposés les causes terribles de ses impulsions.

Si l'homme n'est pas le premier moteur de ses sensations, de ses passions, de sa conscience, si ses jugements, faute de ne pas vouloir fermement la vérité, de ne pas veiller sans cesse sur l'entraînement passionnel, peuvent le conduire à l'erreur, il y a donc en lui des moteurs étrangers qui ébranlent sa sensibilité, parlent à sa conscience et à sa raison, sollicitent sa volonté et peuvent porter le trouble et la tentation jusqu'aux replis les plus secrets de l'âme.

L'humanité de tous les siècles a déclaré que ces deux sortes de moteurs opposés étaient extérieurs à l'homme ; les uns viennent du principe du bien, les autres du principe du mal. On en a fait des esprits, des Dieux, négligeant les bons inoffensifs et implorant les mauvais par les sacrifices les plus inhumains.

La religion chrétienne seule résout ce problème vital sans heurter la raison ni la morale, sans faire un Dieu méchant ou immoral.

En face de toutes ces sollicitations, l'âme est-elle absolument libre, de la liberté idéale ? Eh ! non, il n'y a que Dieu qui ait la liberté absolue. Quelle en est donc la limite ?

Nous venons de le voir, toutes ces sollicitations aboutissent au désir ou à la répulsion, suivant qu'elles font pressentir le bonheur ou le malheur, le plaisir ou la peine. Donc c'est en définitive la recherche du bonheur, de la béatitude qui est le grand moteur de l'âme; c'est en cela surtout qu'elle n'est pas libre. Elle n'est libre en réalité que dans le choix des moyens qu'elle apprécie les meilleurs pour arriver au bonheur.

C'est là le travail qu'il faudrait faire faire aux cellules cérébrales; nous sommes loin d'une impulsion sensationnelle suivie d'une réaction musculaire.

Donc l'homme a été créé pour la béatitude, et comme il ne la trouve pas dans cette vie, son créateur juste, bon, intelligent, s'est certainement réservé de la lui procurer lui-même dans l'autre vie.

C'est une preuve indirecte qui vient corroborer la théorie de l'homme créé par Dieu en vue de lui communiquer sa béatitude. C'est pour cela qu'il lui a donné un cœur insatiable, plus grand que toutes les joies de ce monde.

Le fait est constant, prenez le vieillard le plus heureux selon le monde, il déclarera que jamais la réalité n'a égalé ses désirs et ses aspirations vers le bonheur, que tout n'est que vanité. Ce n'est que dans l'exaltation de la prière que le cœur peut déborder et déployer ses ailes : celui de l'enfant comme celui du vieillard, du primitif comme du civilisé, de la femme comme du guerrier. Tous les hommes peuvent élever leur cœur vers Dieu et y trouver la béatitude parfaite dès cette vie, en lui donnant tout leur amour. Voilà bien encore la preuve que notre béatitude est en Dieu seul, qu'il fit le cœur de l'homme pour l'aimer.

Guidé par la méthode, nous venons de prouver que l'homme doué de la raison et de la parole, sollicité par les divers modes de la sensibilité, par ses propres raisonnements et par sa conscience est :

Une pure activité à la recherche du bonheur, libre seulement dans le choix de ses moyens, en présence des sollicitations opposées de l'esprit du bien et de l'esprit du mal.

Tout vient de la cause première, mais des sollicitations opposées ne peuvent venir de la même cause. Dieu donc peut être le promoteur de notre volonté vers le bien, mais il ne peut en être le promoteur vers le mal. Lorsque Dieu octroya la liberté à l'homme pour lui donner l'occasion de solliciter sa béatitude et de tourner vers lui son cœur, ses facultés aimantes, il ne pouvait en même temps le solliciter à s'en éloigner, le porter vers le mal. Qui donc le fit, qui fut le tentateur ? qui l'est encore aujourd'hui chaque jour, dans chaque homme, au fond de chaque conscience ? Il existe cependant, le tentateur, nous ne l'éprouvons que trop souvent, notre penchant nous porte, hélas ! à toute heure vers ses sollicitations. Nos pensées en sont obsédées, et nos jugements souvent faussés. Erreur et passions déréglées, n'est-ce pas là l'homme dégénéré, seul animal contre nature.

Si vous ne voulez pas croire au démon, que devient alors l'observation scientifique de l'homme ? L'étude intime de l'homme aboutit toujours au tentateur vers le mal, au démon, à la douce sollicitation vers le bien, à Dieu.

Dieu, je le comprends, c'est la cause première, immense, invincible ; mais d'où vient le mal, qu'est-ce que le démon ? Comment Dieu le tolère-t-il et permet-il son action sans fausser sa bonté, sa justice ? Terrible problème que l'humanité ne sut jamais résoudre, ni aucune de ses fausses religions, et qui confond encore aujourd'hui la raison quand elle s'éloigne des vraies révélations divines en Abraham, Moïse et Jésus-Christ. Le matérialisme est obligé de nier la sanction du bien et du mal, de la loi morale, et de les remplacer par l'intérêt bien entendu ; aucun sophisme n'arrivera à prouver le contraire.

Hors de la révélation chrétienne, l'homme est dans l'erreur sur le principe du mal, et dès lors ne peut l'éviter. Il est donc voué au malheur. En effet, le chrétien seul peut connaître et éprouver le vrai bonheur, guidé par une vérité surhumaine et conforme cependant à l'observation rationelle.

Voyons ce qu'a de sublime la religion catholique sur l'origine du mal. C'est sur le récit de Moïse que nous allons nous guider.

CHAPITRE II

CATHOLICISME

Principe du mal.

Origine du mal dans les Anges ennemis de Dieu, qui séduisent l'homme.

Dieu, en voulant propager sa béatitude en dehors des trois personnes divines, dut certainement créer des êtres aussi rapprochés que possible de sa perfection et les premiers êtres créés furent logiquement de purs esprits comme lui.

Il est encore plus naturel de croire aux purs esprits, qu'aux esprits revêtus de matière. Ils étaient ainsi plus capables de raison, c'est-à-dire, de la faculté de comprendre la cause et la substance primordiale, de connaître Dieu, de le voir face à face, en vérité.

Leur personnalité, comme celle de l'homme, exigeait la liberté de s'approcher ou de s'éloigner de Dieu, de lui donner ou de lui refuser leur hommage, leur amour. Ils ne pouvaient être tentés de de s'éloigner de Dieu que par l'exagération de ce sentiment naturel, indispensable de la personnalité. C'était à eux à se défendre du sentiment exagéré de leur valeur. Ils ne pouvaient être tentés par personne, c'était à eux à ne pas cesser d'aimer Dieu, à ne pas s'éloigner de lui pour s'aimer eux-mêmes. Ils méritaient de tomber dans l'erreur suivie de la révolte.

C'est ce qui eut lieu. Parmi les anges il y en eut qui, s'admirant dans leur splendide beauté, se trouvèrent si parfaits, si puissants, qu'ils crurent pouvoir s'affranchir de toute dépendance. Le sentiment naturel de la personnalité s'enfla jusqu'à l'orgueil par le désir immodéré de s'élever. Ils cessèrent d'adorer Dieu, la raison prêcha la révolte, et Dieu fut obligé de précipiter les anges rebelles. La race du mal venait de naître.

Au point de vue historique, n'est-il pas étrange, le souvenir d'un fait pareil plus ou moins dénaturé, à l'origine de tous les peuples ? Les Titans qui veulent escalader le ciel, Prométhée qui veut dérober le feu du ciel.

L'épreuve par l'orgueil terminée, les purs esprits fidèles ne peuvent plus pécher, mais leur nombre était diminué, et comme la sagesse éternelle avait décidé leur nombre total, il fallait remplacer les manquants.

Saint Grégoire de Nysse prétend que la parabole du bon pasteur quittant ses brebis pour aller chercher la centième perdue, symbolise Jésus descendant sur la terre pour chercher le nombre d'élus correspondant au nombre des anges déchus.

Dieu résolut donc pour les remplacer, de créer des êtres inférieurs, pris dans la nature matérielle, doués de raison, qui par leur faiblesse fussent plus à l'abri de l'orgueil funeste aux purs esprits. Leur fidélité devait leur donner la vie du Paradis avec l'immortalité, jusqu'au jour où Dieu aurait couronné leur constance en les admettant avec leur double nature, corps et âme, au nombre des anges fidèles et à la claire vision. Leur infidélité devait les punir par une mort temporaire, les soumettre aux anges rebelles qui avaient pour fonction d'éprouver leur constance. Par la participation de la nature matérielle et animale à la formation de l'homme, et par suite aux épreuves du libre arbitre, Dieu donnait l'occasion de monter jusqu'à lui, à cette matière, à cet Univers qu'il n'avait pu créer que par bonté.

Ici, ce n'est pas la nature qui fait l'homme fils du singe, c'est l'homme par qui la nature se spiritualise et devient la servante du Seigneur.

C'est ce grain de poussière, la terre, c'est l'homme si grand par sa raison, mais si petit par sa faiblesse, qui sont appelés à cet honneur, à servir de théâtre pour le drame du monde, à en être l'acteur. C'est là que Dieu parlera, c'est là que le Verbe s'incarnera pour amener l'homme à Dieu, et par l'homme, la nature toute entière.

La tradition sur la résurrection du corps de l'homme remonte dans la nuit des temps ; car à l'époque probable des révélations mosaïques, Job en fait déjà une description saisissante. Les Egyptiens en momifiant les corps semblent dirigés par une même tradition.

Origine de l'homme.

Reprenons l'histoire de l'homme. Après avoir créé l'univers dans la joie d'une œuvre parfaite, *et vidit quod erat bonum*, Dieu en prend une parcelle pour former le premier homme. Il appelle à cette œuvre capitale les deux autres personnes de la Trinité parfaite : *faciamus hominem* : Dieu y met l'âme immortelle, l'esprit, le cœur, le verbe, la raison.

Hommes dont l'orgueil sans limite refuse de courber le front, cette Genèse sublime qui nous fait le vassal de Dieu, vaut-elle bien vos origines simiaques ! Notez que vous n'êtes pas scientifiquement plus sûrs de cette origine burlesque. Tous vos livres sur l'origine de l'homme sont du roman et varient suivant chaque savant, *savantissime doctor*.

De cet Adam vivant et le plus près du cœur Dieu prend la substance de la femme et les unit ainsi dans un mariage indissoluble : tu seras la chair de ma chair et les os de mes os. Il leur donna un avant-goût du bonheur dans une chaste union, à la condition de participer avec lui à la divine fonction de la création.

Les nations qui enfreignent le commandement de l'union indissoluble, tombent dans la corruption, avilissent la femme et préparent le malheur des enfants.

Après avoir créé la femme, Dieu place dans son sein cette première cellule germinative qui, avec la coopération d'Adam, la chair de sa chair, devient hélas ! après la chute, le germe initial de tous les germes de la race humaine, laquelle, par ce fait, sera solidaire du premier couple. Ainsi sera établie par la solidarité des corps, la solidarité des âmes, chez ces êtres doués des deux natures, la matérielle et la spirituelle fusionnées en une seule personne.

La création d'Eve dont l'âme fut faite sans l'intervention du souffle divin, en n'employant que la chair vivante la plus rapprochée du cœur d'Adam prouve encore la solidarité des deux substances, et permet de croire à l'origine de l'âme humaine dans les germes sans une nouvelle intervention divine.

Cette origine explique aussi comment la femme vit plus par le cœur que par la raison, et comme c'est la béatitude plus que la science que Dieu a voulu donner à l'humanité, sa bonté a doté la femme de la meilleure part.

La religion est bonne pour les femmes ! Eh oui,

malheureusement pour nous qui faisons délirer notre raison.

Voilà l'humanité constituée. Comme pour les anges, la justice divine exigeait l'épreuve du libre arbitre ; le libre consentement de l'homme à la béatitude divine, préférée volontairement à toute autre. Pour cela, Dieu offre à l'homme toutes les joies terrestres qui lui sont permises, sauf le fruit de la science du bien et du mal ; c'est en cela que consistera l'épreuve.

La science de l'orgueil qui éloigne de Dieu, inventée par l'ange déchu, fut enseignée à l'homme *eritis sicut Deos*, ni Dieu, ni maître. La raison était tentée, il fallait que par la sensualité le corps le fût aussi, dans cette double nature. Dieu se contentait de la défense de manger la pomme de cet arbre pour rendre plus impardonnable le crime de préférer un faible plaisir à sa béatitude éternelle.

Vous savez le résultat ; par la connaissance et les atteintes du mal, l'homme prévaricateur connut le vrai sens du bien qu'il perdait, il eut la science des attraits du mal. Il devint sujet à la mort, qu'il connaissait par l'exemple de tous les êtres de la nature dont il était entouré. Son âme immortelle qui aurait dû sauver son corps de la loi de l'animalité, était condamnée à subir le déchirement d'une séparation temporaire, en punition de s'être séparée de Dieu ; son corps, à tomber en pourriture, pour que ses éléments régénérés pussent être dignes après le dernier jugement, de participer à cette béatitude promise dans l'éternité. Par la même punition, la douleur physique doit accompagner la douleur morale chez les réprouvés.

Mais le libre arbitre et la désobéissance de l'homme venaient de troubler une seconde fois les desseins de Dieu pour communiquer et étendre sa béatitude à des êtres créés. La logique du plan divin était faussée de nouveau et semblait en constater la faiblesse. Mais loin de là, ce fut pour faire éclater la gloire du Dieu infaillible, invincible.

En effet, Dieu s'était créé des ennemis, sans qu'il eût provoqué la venue du mal, et il allait vaincre le mal par des armes dignes de lui seul. Victoire qui forcera l'admiration même de ses ennemis vaincus, obligés de déclarer qu'il est le seul saint, le Dieu des armées, le plus haut des cieux.

Les ennemis de Dieu sont les anges rebelles, puis les hommes qui se laissent séduire par leurs tentations. Depuis la chute d'Adam, les hommes rebelles se multiplièrent, si bien que Dieu les anéantit par le déluge, sauf la seule famille de justes, qui trouva grâce, et qu'il laissa pour recommencer l'épreuve et transmettre le souvenir de sa suprême justice.

Jusqu'à nos jours même, la loi de la disparition des races corrompues s'est maintenue. Avec la corruption, s'éteignent la force et le courage, et c'est la guerre qui se charge de l'épuration.

Le démon, par la suite des âges, redevint encore le prince de ce monde en propageant l'erreur et la corruption. La sélection se reporta alors sur Abraham le juste et sa postérité.

Jetons un rapide regard sur ce personnage historique que reconnaissent pour ancêtre les trois quarts de la population de la terre aujourd'hui : Juifs, chrétiens de toutes nuances, et musulmans.

Voyez-les tous réunis autour d'un tombeau, au centre du monde, à Jérusalem, attestant dans leur haine réciproque, l'authenticité de l'histoire divine que nous racontons. Seuls ils ont propagé dans la suite des siècles, depuis 4.000 ans, la notion de la Cause première intelligente, unique et providentielle, contre le culte des idoles et le scepticisme. Et vous doutez que Dieu se soit révélé au père de cette civilisation ? L'autre quart, ou Boudhiste, ou fétichiste, population servile, immorale et irrationnelle, croit tout de même au retour à Dieu, à l'intervention des esprits.

Comme à Adam, Dieu parle à Abraham, il lui renouvelle ses commandements; il lui ordonne de quitter sa patrie et de préférer, à la corruption qui y règne, une terre d'exil, en attendant la promesse d'une nouvelle patrie où sera bénie son immense postérité.

Pour éprouver son obéissance, il lui demande le sacrifice de ce qu'il a de plus cher, de ce fils unique qu'il a eu miraculeusement dans une vieillesse stérile, et qui doit être le seul espoir de cette nouvelle race bénie. Quel beau plaidoyer pour désobéir encore plus qu'Adam :

Caïn avait tué son frère, Abraham risque sa vie pour délivrer de la captivité le fils de son frère. C'est bien là le nouvel Adam, le juste, par lequel se pouvait conserver la miséricorde divine, d'où devait naître le rédempteur, celui dont Job avait conservé le souvenir.

Cependant, le Dieu bon et paternel est obligé de corriger durement le nouveau peuple choisi, tant les chutes sont fréquentes. Il est obligé même de renouveler par écrit ses commandements à Moïse, la table des dix commandements, sans lesquels toute civilisation est boiteuse, croyez-en Leplay. Moïse nous a laissé en plus, l'histoire de nos origines, il y a déjà 3.500 ans. Il était mieux placé que nos savants romanciers pour en recueillir la tradition, en supposant que ses livres n'aient pas été inspirés.

Mais à part le peuple élu, toute chair avait corrompu sa voie. Toutes les nations sacrifiaient aux démons, en déifiant les vices et les crimes des hommes. A peine quelque sages, Confucius, Boudha, Socrate, Platon entrevoient la vérité, et consolent les âmes à la recherche du bien. Tout était Dieu excepté Dieu lui-même. Le peuple élu aussi, dans son orgueil pharisaïque, finit par méconnaître l'esprit de la loi.

Fallait-il recommencer le déluge? Non, puisqu'il avait été insuffisant. Il y avait encore les nations envahissantes du nord, qui ne connaissaient pas la corruption, mais vivaient dans l'erreur. Avec leur sang vigoureux, Dieu allait fortifier le vieux monde, après lui avoir donné un dernier témoignage d'amour en Jésus-Christ, en lui aussi le moyen infaillible pour toujours, d'éviter l'erreur et de régénérer tout homme, toute nation qui voudront abandonner leur mauvaise voie.

Les controverses sur l'authenticité de la Bible n'ont servi qu'à prouver son cachet indéniable de vérité. Ne vous laissez surprendre par aucune affirmation contraire, sans compulser les preuves des critiques catholiques. Ce livre est l'histoire, le code civil et religieux d'un peuple vivant qui le détient depuis 3.500 ans avec un soin jaloux, exempt de toute fraude, de toute interpolation. On y trouve le miracle mais non la fable, ce n'est pas non plus une légende, c'est de l'histoire, ou l'histoire n'existe pas.

Comparez avec toutes les autres notions informes des Perses, des Indiens, des Chinois, les plus près cependant de la lumière initiale, et vous serez vite convaincu que la vérité historique n'existe que chez le peuple juif, claire et précise sur nos origines et que, s'il y eut une révélation primitive, ce fut là.

Le Rédempteur.

La sagesse divine emploie pour relever l'homme et vaincre le démon, un moyen que l'amour extrême pouvait seul inventer et qui trouble la froide raison humaine, lorsque le cœur ne la réchauffe pas.

En effet, à un jour prédit par les prophètes du peuple élu, remplissant tous les détails de ces prophéties, renouvelées pendant 40 siècles, depuis la chûte du premier homme, apparait un homme simple, modeste, qui pendant trois ans prêche la plus pure morale.

Porphyre, le plus grand ennemi du christianisme, avoue : « qu'il se disait le Christ et qu'il était un homme doué d'une grande probité ; son âme avait été reçue dans les Champs-Elysées. » Jésus attire autour de lui des foules énormes qui viennent même des nations voisines et il les guérit miraculeusement de l'aveu même de Julien l'apostat; tant le souvenir en était encore vivant à son époque. Il mérite, par sa vertu, de convaincre une foule de disciples qu'il est le fils de Dieu comme il l'affirme devant ses juges. Ceux-ci le condamnent à l'infâme supplice des esclaves, parce qu'il porte ombrage à l'influence d'un sacerdoce dégénéré. A sa mort, la nature est troublée, trois jours après, il était ressuscité, comme il l'avait annoncé; soixante-dix disciples à la fois l'ont vu après sa résurrection. Saint-Paul dit même aux Corinthiens : « Il s'est fait voir à Cephas, puis aux onze apôtres; après il a été vu en une seule fois de plus de 500 frères, dont il y en a plusieurs qui vivent encore aujourd'hui.»

Il ne fallait pas moins que des témoignages vivants pour confirmer de si étonnantes affirmations et faire affronter le martyre. Cent vingt disciples reçoivent les premiers l'Esprit de l'amour divin, reconquis par le sacrifice du Juste, et vont régénérer le monde ; partout annonçant la victoire du Christ sur le Prince du Monde, ses instructions verbales, affrontant tous les supplices pour affirmer leur foi inébranlable et le nouveau testament.

On ne peut nier la valeur de cet événement historique, survenu en pleine civilisation romaine, chez le peuple le plus éclairé en fait de religion, de prophéties et de miracles ; affirmé par Tacite, le juif Josèphe et tant de contemporains et de disciples morts pendant plus de trois siècles, pour affirmer l'authenticité de la résurrection du Christ. Après quoi, les temples des démons sont abattus, leurs oracles se taisent, c'est encore une observation de Julien ; une perfection inconnue jusqu'à ce jour, apparaît avec éclat. Tacite accuse les chrétiens d'être les ennemis du genre humain parce qu'ils méprisent le monde, ses vices et son sensualisme ; lui préfèrent avec joie la mort depuis que le divin maître en a fait la porte du ciel.

Le témoignage d'un ennemi mortel est précieux, citons encore Julien. Pendant son long séjour à

Antioche, où il préparait contre les Perses, cette guerre où devait vaincre le Galiléen, il se mit en rapport avec les juifs les plus instruits, avec le Nazi, chef civil de toutes les synagogues répandues dans tout l'empire romain, et qui résidait à Tibériade. Il cherchait partout des armes contre la vie et les œuvres du Dieu qu'il avait renié pour les sectes philosophiques de son temps. Qu'à-t-il recueilli de cette minutieuse enquête chez les ennemis du Christ ?

« Il reconnaît que Jésus, le fils de Marie, le fils du charpentier, est un Messie, mais Moïse n'avait jamais prétendu que le Messie serait un Dieu, il ne devait être qu'un prophète comme lui. Aussi Jésus ne s'est jamais déclaré fils de Dieu, c'est le bonhomme Jean qui le premier l'a fait passer pour tel. » On sait combien les trois évangélistes qui ont précédé saint Jean sont affirmatifs sur la divinité de Jésus, la date et l'authenticité de ces évangiles est aujourd'hui bien reconnue.

La vie et les miracles de Jésus étaient donc populaires et avaient subi la critique et le contrôle d'ennemis mortels, à cette époque qui n'était pas plus éloignée que la nôtre des événements d'Henri IV, moins que l'époque de Luther et de Calvin. Marie était appelée alors dans la Judée mère de Dieu, Théotocos (1). Et dire que nos savants haineux et

---

(1) A. de Broglie. *L'Église et l'Empire romain au IVe siècle.*

ignorants ont voulu faire un mythe de ces événements historiques.

En étudiant les religions comparées, à part la catholique, il est impossible d'en trouver une qui ne soit entachée de tendances corruptrices et d'erreur. De l'avis de tous cependant, Jésus a prêché la plus pure morale ; comment sa religion soulève-t-elle seule la haine dans le cœur de l'homme, à tous les âges de son histoire ? C'est que toutes flattent plus ou moins les passions, avilissent en subordonnant la conscience de l'homme au pouvoir. Aussi toutes sont aimées des puissances temporelles. Le protestantisme lui-même a fléchi le genou et à l'autre extrémité de l'échelle, le Boudhisme qu'on oppose au catholicisme, est le plus merveilleux instrument de servitude. Il y a même un fait typique à relever de nos jours. La Russie qui n'a pu tolérer le catholicisme en Pologne reconnaît le Boudhisme dans ses pays annexés et soudoie ses prêtres au même titre que les orthodoxes.

Le catholicisme seul est logique dans toute sa théorie de la nature de l'homme, de sa destinée et de ses rapports avec Dieu. Seul il peut lui faire dominer ses tendances perverses et le rendre heureux sans le bercer d'illusions puériles. Il remonte à l'origine de l'homme en se greffant sur la révélation juive dont il est la conclusion logique, Jésus étant le vrai Messie, le Dieu rédempteur pour tout esprit impartial.

Or, Jésus a affirmé qu'il était le fils de Dieu, égal au Père et à l'Esprit, dévoilant la trinité des personnes divines, consubstantielles et parfaitement égales ; donnant ainsi la plus belle théorie sur la nature divine en l'affranchissant de la nécessité du monde créé, l'amour réciproque des trois personnes divines produisant une béatitude parfaite.

Puisque le bonheur était parfait, pourquoi la seconde personne divine a-t-elle revêtu la personnalité humaine, enduré dans sa chair la douleur et l'humiliation ? Pour la raison humaine, la croix est une folie, et cependant la croix a régénéré le monde ; seule elle peut régénérer chaque homme individuellement. Les exemples de conversion frappent tous les jours nos yeux, non seulement à l'occasion des infirmités ou des peines morales, mais jusque dans les bagnes.

Le centre de la lumière est à Rome et ce n'est que chez le catholique apostolique et romain que l'on trouve la perfection, la vie toute entière consacrée, dans la chasteté, à tous les plus sublimes dévouements. Les nations en s'éloignant de ce centre, puis du christianisme, s'avancent proportionnellement vers l'erreur et ses conséquences funestes, en morale, en politique même, car seul le catholique accomplit volontairement le devoir sans servilité, sans révolte. Mais sa conscience n'est troublée par aucun sophisme, car seul il a la vérité totale. Le protestantisme est dominé par l'orgueil ; il ne connaît plus la vertu sublime de Jésus, l'humilité. Le schisme a contre lui l'ignorance et la servitude; l'islamisme a le sensualisme, l'esclavage et la cruauté, mais il a conservé la Prière !

Le Boudhisme, qui depuis le xve siècle, singe le catholicisme dans ses cérémonies, d'après Elisée Reclus, n'a d'autre but pratique que l'évocation des esprits, la magie, l'art de conjurer les esprits malfaisants. Sauf les Japonais, tous font usage du moulin à prière.

Tout peuple qui renie Jésus perd la notion du bien et du mal, ne respecte plus son semblable et finit par tomber dans l'anarchie ou la servitude.

Ne perdons pas de vue que Dieu n'a pu créer le monde que par amour et la théorie catholique va nous expliquer la cause de cet acte étrange, paradoxal, un Dieu qui meurt sur une croix.

Certes les payens croyaient que les Dieux pouvaient s'incarner pour commettre des polissonneries ; bien des peuples ont crû avoir eu commerce avec des dieux incarnés.

Les grands Lamas, en distribuant leurs excréments comme des reliques, font croire encore à leurs peuples que la divinité s'incarne en leur personne, à l'exemple du premier Boudha, vénéré du quart du monde ; l'autre partie reconnaissant pour origine la souche d'Abraham. Certainement le démon avait une vague connaissance de la promesse faite à Adam, pour en avoir fait la parodie 400 ans avant l'incarnation.

Comment l'humanité a-t-elle toujours cru à la possibilité de l'incarnation, si Dieu n'en a pas donné l'dée. Maintenant comparez l'incarnation de Jésus avec les autres et concluez.

Mais avant la venue du Messie, Dieu accordait le pardon par l'institution du sacrifice qui devait figurer et préparer le grand sacrifice divin.

Le Sacrifice.

Le sacrifice est une idée étrange qui n'a pu entrer par aucun sens, qui n'a rien d'analogue dans la nature : c'est qu'un bien retranché volontairement et offert à Dieu est méritoire pour le salut. De plus, par l'invocation qui l'accompagne, ce don devient sacré ; y toucher devient un sacrilège ; consacrer à Dieu, *sacrum fieri, facere*.

L'histoire nous montre le sacrifice chez tous les peuples de l'antiquité. Il existe encore chez tous les peuples, même les plus arriérés. Quand il ne s'adresse pas à la divinité, il conjure l'esprit des morts irrités, car tous les peuples croient et ont cru à l'immortalité de l'âme. Encore une idée qui ne vient pas de l'observation.

Mais cette idée grandit, ce ne sont pas les fruits de la terre, produits de la sueur de l'homme, qui doivent plaire le plus à la divinité, c'est le sang vivant, et ce n'est pas seulement le sang de l'animal, c'est le sang de l'homme lui-même. Dans les grands périls de la patrie, l'histoire nous montre l'homme immolé par son semblable, comme la suprême victime qui plaise à Dieu. Que dis-je ! il en faut même pour calmer les rancunes des mânes ; et le peuple le plus affiné de l'antiquité, voit sans horreur sur la scène, se dérouler le drame d'une jeune fille immolée aux mânes d'Achille.

Le roi de Moab, ne pouvant plus résister aux Israélites, brûle sur les murailles en sacrifice son fils aîné, héritier du trône. Les Romains reçoivent des Etrusques, les formules sacrées et le cérémonial qui doivent accompagner le dévouement volontaire d'un Décius, au salut de la patrie ; et 98 ans avant Jésus-Christ, le sénat sera obligé de faire une loi contre les sacrifices humains, tant la coutume est générale. Mais le comble de la folie et de de la cruauté régnait surtout à Tyr et à Carthage.

Aujourd'hui, le sacrifice humain fait horreur à notre civilisation. Il n'existe plus que chez les peuples primitifs, avec l'idée du fétiche qui surnage, encore une idée qui n'est entrée par aucun sens : idée qu'un objet consacré peut porter bonheur ou préserver du malheur, idée informe de nos sacrements.

La croix apparaît, et partout où elle se montre, le sacrifice humain disparaît, les oracles se taisent, les Dieux s'en vont et les féticheurs perdent leur influence ; les mœurs s'adoucissent, la civilisation la plus belle surgit. Et cependant la croix est l'expression du plus grand, du plus sublime sacrifice humain. N'est-ce pas la preuve que tous les autres n'étaient qu'une dégénérescence de l'idée première contenue dans l'institution du sacrifice, qu'une œuvre satanique. Là comme dans le Boudhisme, ne singeait-il pas Dieu dans ses primitives promesses ?

Voyons donc l'idée catholique sur le sacrifice.
La mort est pour tout homme qui ne renie pas sa raison, la douloureuse séparation de l'âme avec le corps, séparation temporaire, anormale, que Dieu se réserve de faire cesser au jour de sa pleine justice, pour une peine ou une récompense définitives. L'intelligence éternelle, quand elle donne la raison, quand elle souffle de son esprit sur une créature, lui imprime par cela même, le cachet de la pérennité, de l'immortalité. La mort fut donc le solde du péché originel, et l'homme fut condamné à subir toute sa vie, les tentations du démon dont il avait préféré les conseils perfides aux ordres de Dieu.

Mais Dieu n'abandonne jamais celui qui l'implore, qui lutte, qui se repent. A la suite de la condamnation à mort, après cette première manifestation de la justice divine, apparaît aussi la miséricorde. Dieu pour l'accorder, institua le sacrifice, aussitôt après la première faute, dès la sortie du Paradis.

Caïn offre les fruits de la terre, Abel, le sang des troupeaux. Dieu montra sa préférence pour ce dernier, au risque d'exciter la jalousie meurtrière de Caïn ; pourquoi ?

La Bible se tait, mais les événements viennent montrer que le rédempteur est un Dieu fait homme dont le sang a été le gage du grand pardon. L'institution du sacrifice sanglant fut donc la figure commémorative du grand sacrifice réparateur promis à nos premiers pères, puis prophétisé dans tous ses détails douloureux, et il devait être en attendant, le moyen de rentrer en grâce.

Dans les temps historiques, un seul peuple ne pratique pas le sacrifice humain, et cependant son fondateur, Abraham est appelé par Dieu à faire le plus grand des sacrifices, celui de son fils unique, fruit inespéré de sa vieillesse.

Ce sacrifice ne pouvait être exigé pour effacer la tache originelle chez le nouveau peuple choisi, puisque la mort de la victime éteignait cette race dans l'œuf. C'était donc pour renouveler l'épreuve adamique de l'obéissance, avant de choisir le peuple d'où devait sortir la grande victime réparatrice, et dont le sacrifice d'Isaac ne devait être que la figure ; aussi ne fut-il pas consommé.

Le sacrifice futur de l'humanité, réconciliée par le sang de la pure victime, venait d'être pressenti par Melckissedech, ce prêtre d'origine mystérieuse, qui en bénissant Abraham, ne sacrifia que du pain et du vin. Quelle concordance admirable avec la venue de Jésus et ses divines institutions !

Voilà donc la pure tradition et du Messie et du sacrifice. On comprend maintenant comment les peuples infidèles ont perverti la mission du Messie en croyant aux Dieux d'Homère, aux incarnations démoniaques, comment ils ont perverti la tradition du sacrifice en tombant dans le délire de la cruauté.

Non ! Le sang de toute la race déchue ne pouvait racheter l'humanité, il fallait l'agneau sans tache. Dieu pouvait-il d'ailleurs confier cet honneur à un homme pour si pur qu'il eût été ? Quelle gloire pour un héros de cette taille ! N'aurait-il pas eu, par un acte aussi saint, un prétexte plus légitime que celui des anges rebelles, à se comparer avec la majesté divine ? Non ! Dieu ne pouvait se laisser surpasser en générosité par aucune créature.

L'expansion sans limites, sans comparaison possible de son amour, de sa bonté, ne lui permettait pas de laisser à aucun être créé, même à un ange, l'honneur du suprême dévouement, du suprême sacrifice ! C'est dans la personne de son fils et non du fils d'Abraham qu'il convenait de consommer le sacrifice de réconciliation et d'amour ; Ce fut là le décret de la Sagesse divine.

Voyez-en les effets; depuis Jésus et en lui, l'homme a le bonheur extraordinaire, inconnu des peuples passés, des peuples actuels mais infidèles, le bonheur de ne plus adorer Dieu dans la crainte, mais dans l'amour. Le chrétien aime Dieu, lui parle, c'est le colloque familial entre le père bienveillant et le fils reconnaissant et respectueux ; c'est plus encore, c'est l'âme brûlant d'amour, et ne vivant plus que pour son bien aimé. Où sommes-nous, mes frères en humanité, est-ce un songe ? Ah ! non, c'est le commencement des effets de la primitive promesse, c'est l'avant-goût du bonheur éternel pour lequel l'homme fut créé.

Dieu avait prévu la chute des anges, Dieu avait prévu la déchéance de l'humanité. Corrigeant le plan primitif à mesure qu'il est faussé par le libre arbitre de ses créatures, Dieu arrive à le conclure, à le parfaire en se couvrant de gloire, car il le termine par un acte de miséricorde et d'amour dont l'immensité divine était seule capable, et qui confond notre raison guidée seulement par le froid égoïsme.

En consommant la rédemption

Dieu veut manifester sa gloire, par une victoire digne de lui.

Pour comprendre ceci, il ne faut pas perdre de vue qu'en faisant la création, Dieu voulait manifester sa gloire en même temps que son immense bonté. Comment Dieu, après avoir permis la venue du mal et la multiplication de ses ennemis, esprits célestes et terrestres, les a-t-il vaincus par une victoire éclatante, éternel sujet d'admiration et de reconnaissance, seule digne d'un Dieu juste et bienfaisant? Comment la remporte-t-il tous les jours, puisque le prince de ce monde continue à tenter l'humanité et à s'y faire des partisans, malgré tout ce que pouvait faire la bonté la plus parfaite en face du libre arbitre ?

Voici quelles étaient les principales difficultés qu'il fallait vaincre ; elles étaient le résultat de nouveaux rapports que la révolte avait établis entre Dieu et ses ennemis.

Voici quatre conséquence résultant de la réprobation des démons et de la condamnation à la mort, à la souffrance qu'avait méritées l'homme originellement coupable.

1° Dieu pouvait paraître amoindri dans l'esprit des démons, car leur malice pouvait dire qu'il avait vaincu en abusant de sa force. Satan pouvait l'accuser d'avoir vaincu sans honneur, tandis que lui avait la gloire de s'être mesuré avec Dieu.

2° L'homme, devant la rigueur de sa justice, l'accuse encore de cruauté, au milieu de ses souffrances, ou déclare qu'il n'existe pas comme être suprême, bon et intelligent, puisque la fatalité condamne l'homme à la mort, comme tout ce qui vit, et qu'il est le plus misérable des êtres créés, tout en étant la plus grande manifestation des forces inconscientes de la nature, un roseau pensant. Le mal dans la nature exclut le Dieu miséricordieux.

3° Si l'homme vertueux, un Job, est en butte à des malheurs immérités, on dit que c'est un spectacle digne d'un Dieu de contempler sa constance. Mais Dieu qui ne peut souffrir dans sa nature impeccable, ne peut aussi donner l'exemple de la constance dans le malheur, de la résignation, du dévouement, du sacrifice. Le malheur fait fleurir en l'homme des vertus sublimes qui sont impraticables avec les perfections divines; et en cela, l'homme ne peut-il acquérir un certain degré de mérite qui n'est pas accessible à Dieu.

4° Puisque le penchant naturel conduit l'homme à l'abus, au mal, lorsqu'il résiste, quand il pratique la vertu, il acquiert un mérite que Dieu ne peut avoir, car Dieu étant le parfait ne peut faillir, le bien c'est Dieu lui-même, Dieu ne peut être tenté.

La gloire de Dieu réclamait que ces objections ne servissent pas de prétexte aux sophismes des philosophes et des méchants ; que l'orgueil de Satan fût confondu par une défaite honteuse dont le souvenir le fît à jamais hurler de douleur. Pour cela, il fallait faire tomber en désuétude, détruire sans violence, cette domination que Dieu lui avait permis d'exercer sur l'homme après la prévarication. Il fallait détrôner le prince du monde, non pas avec le déploiement d'une force invincible, comme au premier jour, mais par l'impulsion du plus faible des humains. Il fallait que l'homme reconnût dans la justice de Dieu le témoignage d'une bonté infinie. Il fallait diviniser toutes les vertus, toutes les souffrances de l'homme, pour que la gloire de Dieu ne subît aucune ombre dans l'esprit de l'homme, si amoureux de sophismes, si porté à l'erreur.

Mais ici survient une impossibilité absolue à la toute puissance divine. Dieu ne peut être ému par aucune tentation, car s'il était ébranlé, le moteur ne serait pas sous sa dépendance. Il ne peut briller dans la vertu des faibles puisque sa force est sans rivale.

Dieu se fait homme pour triompher de ses ennemis et mériter une gloire sans rivale. Jésus crucifié rouvre la voie de la béatitude.

Dieu avait donc un moyen pour résoudre ces difficultés en apparence insurmontables, c'était de s'identifier l'humanité, de prendre un corps et une âme comme nous ; son humanité pouvait alors être tentée, son corps souffrir, son âme mortelle être abreuvée d'ignominies, et sa constance reconnue à la face du monde. Lui, le juste, pouvait souffrir comme le dernier des scélérats, et par sa vie, sa mort, sa résurrection montrer de nouveau la voie de la réhabilitation dont le sens s'était oblitéré, et l'est encore aujourd'hui chez tous ceux qui nient à Jésus ses titres incontestables de fils de Dieu.

Mourir pour l'objet de son amour est le sublime de l'amour, écoutez ce qu'il dit à Dieu son père :

Saint Jean, XVIII, 23 : « Je suis en eux et vous en moi, afin qu'ils soient consommés dans l'unité, et que le monde connaisse que vous m'avez envoyé, et que vous les avez aimés comme vous m'avez aimé. »

Peut-il y avoir un plus grand amour que de vouloir élever la créature jusqu'au rang du créateur, et de l'aimer à l'égal de son fils ? Ce sera bien là la béatitude parfaite, le bonheur de contempler Dieu face à face dans un amour éternel.

Avec Jésus crucifié, l'homme retrouve ce Dieu bon et miséricordieux qui le créa par amour. Car quel amour peut être plus grand que celui du roi des rois qui se fait esclave pour payer la rançon de ses sujets coupables ; se faisant le plus faible, le plus misérable des hommes, endurant le supplice le plus douloureux réservé au rebut de l'humanité. Qui désormais dépassera Dieu en générosité.

L'offense était effacée puisque c'était l'agneau sans tache qui était la victime, puisque c'était un Dieu qui offrait la rançon. Satan perdait sa domination sur l'homme déchu, le jour où il faisait infliger la souffrance et la mort au juste méconnu.

Donc désormais, sous l'étendard de la croix, l'homme peut combattre le démon, il marchera à la victoire.

Par sa mort, Dieu donnait à sa gloire une couronne incomparable, car la miséricorde poussée jusqu'au sacrifice est la plus belle de toutes les vertus ; surtout quand elle relève ce qui est impuissant à se relever, et l'humanité était impuissante à dominer l'orgueil et la sensualité, ces armes de Satan, depuis que l'homme avait voulu dérober à Dieu sa puissance, *eritis sicut Deos*, et avait succombé à l'attrait de la plus vulgaire gourmandise.

L'homme ne comprenait plus le sens du châtiment originel ; souffrance et mort, qu'il fallait bénir, puisque c'était le gage et le prix de la réconciliation. Dieu devient notre modèle, il condescend à souffrir et à mourir pour être le premier dans la résurrection et amener avec lui les âmes des justes qui attendaient depuis la chute originelle. Lui seul pouvait relever la dignité de la mort et de la souffrance par son exemple, par son supplice. Il est désormais la voie, la vérité, la vie pour ceux qui veulent suivre son étendard. La souffrance devient aussi un sujet de joie, la mort devient la porte de la béatitude. Le dévouement pour les malheureux apparaît avec un éclat incomparable, inconnu avant, méconnu depuis par les dissidents, même par les protestants qui n'ont pu faire un vrai missionnaire, une sœur de charité.

Le démon est vaincu, car la sentence qui lui livra l'homme déchu, est à jamais déchirée pour le juste qui vit en Jésus-Christ. Mais quelle dette éternelle de l'homme envers le Dieu fait homme, quel amour sans rival ne lui devons-nous pas à jamais dans cette vie et dans l'éternité ! Par lui nous retrouvons le chemin de la miséricorde de Dieu, nous n'avons qu'à le suivre dans notre liberté qui fait notre mérite.

La tâche est devenue facile, soyons dociles et humbles devant la direction de l'Eglise qu'il éclaire de son Esprit ; nous n'aurons rien à craindre de l'orgueil, car c'est Jésus qui a fait descendre sur la terre l'humilité, cette vertu ignorée jusqu'à lui, méconnue en dehors de lui, et qui tempère toutes les passions. Pratiquons comme lui la pauvreté volontaire contre l'illusion des richesses, soyons justes et laborieux comme lui, et nous éviterons la concupiscence de la chair, et le démon sera vaincu ; surtout si nous puisons souvent des forces dans le pain et le vin où il a concentré tous les mérites de son humanité sacrée.

Hors de cette voie il n'y a point de salut et l'homme retombe sous la domination de l'orgueil et des sens, ces ministres de Satan. Mais le Superbe est vaincu ; il n'ose plus se mesurer à Dieu. Quelle honte ! C'est le plus vil mortel qui l'a terrassé ; c'est un homme méprisé, crucifié, c'est l'immense faiblesse qui l'a vaincu, et il ne faut plus que la vue de deux morceaux de bois en croix pour le faire fuir.

Il n'y a pas une vertu humaine que Dieu n'ait surpassée dans sa vie mortelle, il n'y a pas une souffrance qu'il n'ait subie et sanctifiée. Dieu a donc conquis une gloire sans rivale; nul conquérant ne peut lui être comparé. Sa puissance était indéniable, sa miséricorde révèle une bonté incommensurable. En ne se contentant pas de la béatitude infinie qu'il échange entre les trois personnes divines, en créant des êtres pour augmenter le champ de son amour, pour épancher les joies de sa béatitude, il ne s'est pas rebuté devant la défection et l'ingratitude. Les anges rebelles ne pouvaient pas être ramenés puisqu'ils se sont éloignés volontairement. Dieu a voulu les remplacer par des hommes à qui il impose la condition du mérite et qu'il aide, qu'il relève dans leurs chutes, lorsqu'ils l'implorent et qu'ils se repentent. Ceux qui suivent Satan dans l'orgueil et la révolte des sens sont perdus, ceux qui combattent le bon combat reçoivent la couronne immortelle.

Dieu a prévu que chaque siècle fournirait un certain contingent d'élus. D'abord sur les rivages privilégiés du Levant, prenant pied en même temps dans la capitale du monde; ensuite dans la Gaule des Francs, puis chez les barbares envahisseurs. Pendant ce temps, les hérésies obscurcissent les premiers pays éclairés, puis c'est le sensualisme musulman. L'ombre suit le soleil dans sa course et toujours de nouveaux missionnaires vont éclairer successivement toutes les parties du monde, pendant que le matérialisme et les sophismes philosophiques jettent un voile de mort sur les plus savantes intelligences. Partout où Dieu montre sa lumière, le démon veille pour la voiler aux passions.

Quand le nombre des élus sera consommé, Satan l'Antéchrist ne trouvera plus de rival, mais le feu viendra détruire l'humanité dont les destinées seront accomplies. Il ne restera plus qu'à revêtir les âmes de leur corps pour reconstituer l'homme complet et le juger, ainsi que Job nous l'a dépeint dès la plus haute antiquité : « *Scio enim quod Redemptor meus vivit et in novissimo die de terra surrecturus sum : et in carne mea videbo Deum meum.* »

Tous ceux qui meurent sans l'absolution de l'Eglise seront-ils damnés? Sûrement ils n'auront pas la sublime béatitude que Dieu avait prédestinée à l'humanité avant la chute et dont il a rétablit la voie en Jésus-Christ. Celui qui méconnait l'Eglise méconnait Jésus et ne peut en revendiquer les promesses et les mérites.

Mais il y a plusieurs demeures dans le royaume de son père. Où sont les enfants morts sans le baptême, où étaient les demeures inférieures des justes avant la résurrection du Sauveur? Personne ne le sait, Dieu n'avait pas à nous le dire, puisqu'il nous réservait de plus hautes destinées.

Mais Dieu dans sa bonté, peut sauver de l'enfer les gens de bien qui ont pratiqué la vertu dans la mesure de leurs lumières et de leurs forces, car en aimant le Bien, ils ont aimé Dieu, et ils ne traverseront pas le terrible passage de la mort la désaffection et la haine au cœur ; Dieu pourra donc avoir pitié d'eux, et tout au moins leur éviter la souffrance.

Jésus en mourant a réconcilié avec Dieu par ses mérites, l'humanité toute entière, l'Univers même si c'est nécessaire ; il n'y aura donc de réprouvés que ceux qui seront morts dans l'éloignement volontaire du bien.

Tout est prévu et divinement combiné dans cette théorie catholique, et des détails qui semblent affliger la raison deviennent clairs, indispensables. Ainsi Dieu en prenant l'humanité, ne pouvait en tenir l'origine d'un être dégénéré ; sa mère, unique source de son humanité, devait donc être créée sans la tache originelle. Nouvelle Eve, elle devait donner l'exemple d'une longue vie sans défaillance, elle devait être le modèle de toutes les vertus dans une vie humble et cachée. Alors la mort, n'ayant plus le droit de corrompre son corps immaculé, elle devait être enlevée au Ciel, après avoir subi une vie de privations et de souffrances, et la peine imméritée de la mort, pour acquérir, à côté de son divin fils, des mérites incommensurables, qu'elle peut déverser sur les faibles mortels. Sa virginité était de rigueur avant et après son enfantement, pour être digne de porter celui qui est le Verbe de Dieu et qui n'a ni frère, ni sœur.

Vous chassez de vos places publiques les images de sa pureté, et vous les remplacez par l'obscénité. Cependant quel plus bel exemple à donner à vos filles, à vos femmes !

Vous ne pouvez croire à son intercession. L'orgueil scientifique ne peut croire à l'eau de Lourdes. C'est que l'orgueil est le contraire de son antidote, l'humilité. L'humilité est la vertu qui obtient le plus de Dieu parce qu'elle reconnaît sa grandeur et préjuge sa bonté. Un acte public d'abandon à Dieu, de foi humble et sincère est souverain pour obtenir ses grâces. C'est ce qu'on fait en allant à Lourdes. Il y a plus, croire publiquement à l'intervention de Marie, c'est affirmer que Jésus de Nazareth est Dieu, c'est la racine du *Credo*. Les protestants qui ont commencé par nier l'intercession de Marie, finissent par ne plus croire à la divinité de son fils.

Mais si Marie a obtenu de Jésus de changer l'eau en vin pour nos joies légitimes, pourquoi ne pourrait-elle pas obtenir, qu'une eau de son choix, ne guérisse nos douleurs et nos infirmités ?

Tout a un sens dans la théorie catholique, dans ses rites, dans ses prières et toujours conformes à la raison. Elle est la seule vraie puisqu'elle résout lumineusement tous les problèmes humains et que seule elle mène au bonheur.

Si cette théorie de la destinée humaine vous laisse des doutes, des objections que vous croyez invincibles, dites-le sans passion, avec une intention pure d'être éclairés ; conciles et théologiens ont accumulé les *in folio* pour tout élucider, interpréter et résoudre victorieusement dans les moindres détails. L'étude de Dieu, de l'âme, des passions, de la conscience, de la morale y est complète. L'erreur aujourd'hui n'a plus d'excuses et le matérialisme savant fait sourire. Car pour être savant, il faut être intelligent, et comment se donner le monopole de l'intelligence si on la refuse à la cause première qui tient les rênes de toutes les causes secondes, et qui gouverne le monde dans l'unité. Le bien, la vertu, l'amour existent ; ils ne peuvent qu'être l'apanage du Tout-Puissant, de la sublime Intelligence. C'est la bonté qui a créé le monde et surtout notre âme, puisqu'elle sait aimer, prier, adorer.

Si Dieu est destin, s'il est fatal et inconscient, l'homme est un automate que les forts doivent dompter, il faut revenir à l'oppression des bons, des simples et au déchaînement des passions toutes légitimes, c'est le règne de Satan. Choisissez, Jésus avec les bons, l'esprit du mal avec les méchants. Jésus avec la béatitude, Satan avec les fausses joies de ce monde, Lucifer avec ses lumières décevantes.

Prenez garde que nous ne soyons à la fin des

temps, et que la vérité méprisée ne remonte définitivement au ciel.

Voyons ! le doute est la lâcheté de la volonté. Une bonne fois, faites-vous une opinion éclairée sur votre destinée. Vous ne croyez ni à Dieu, ni au démon, ni au bon, ni au mauvais génie des anciens, à aucune influence des êtres invisibles. Expliquez alors le drame de la vie, le penchant au mal, la pensée constamment sollicitée par des impulsions contraires, aboutissant à la satisfaction ou au remords. Vous ne connaissez pas le remords dites-vous ? Oui, parce que votre épiderme s'est épaissi, mais allez jusqu'au crime, et si vous n'êtes pas un alcoolique ou un dégénéré, le remords vous rongera. Subissez une grande injustice et vous verrez si elle ne vous conduit pas à la notion exagérée de votre bien et du mal qu'on vous fait. Si la conscience s'émousse dans le plaisir, elle s'épure dans la souffrance.

En dehors du catholicisme, toutes les théories sont remplies d'erreurs conduisant à la servitude ou à la révolte, à la perte des mœurs. Allez à Jésus, étudiez sa doctrine et le doute disparaîtra ; sans rechercher cependant une certitude que Dieu ne donne pas, parce qu'elle enlèverait le mérite de la foi. Ayez confiance dans la bonté divine. Mais n'attendez pas que Jésus mette sa croix sur vos épaules, ce sera cependant sa suprême miséricorde, car c'est par la souffrance qu'il a vaincu l'orgueil, le plus puissant des ennemis de Dieu et de sa pure vérité.

Si les souffrances, si les angoisses de la mort ne suffisent pas pour tourner les regards de l'homme perverti vers son Dieu qui l'appelle, après cette dernière et terrible épreuve pour ébranler l'âme humaine, quelle excuse peut-elle présenter au juste tribunal de Dieu? La réprobation ne sera-t-elle pas éternelle comme celle des démons?

Dieu ne peut pas se donner l'humiliation de refus réitérés. Il fallait déjà une miséricorde infinie pour offrir sa béatitude, tout ce qu'il avait de plus précieux, en sachant que l'être ingrat, qui lui devait tout, la refuserait. Il ne fallait rien moins que la compensation des bons pour permettre les méchants.

La mort n'est pas l'anéantissement définitif ; aucun peuple ne l'a crû, aucun savant ne peut le prouver ; mais une nouvelle vie d'épreuves serait superflue. L'âme, au sortir de cette existence terrestre, a pris volontairement sa direction définitive ; elle est comme un projectile lancé qui ne subirait plus les lois de la gravitation, et irait toujours devant lui dans l'espace, sans jamais dévier de la ligne droite, dernière résultante des forces qui lui donnèrent l'impulsion. La résultante chez l'homme est fournie par le libre arbitre, et quand c'est la répulsion qui a prédominé sur l'amour, c'est pour toujours, c'est la béatitude refusée. Les damnés n'aimeront jamais Dieu ; leur direction éternelle sera la haine.

Le bien, le bonheur, nous les comprenons, nous en avons l'intuition, puisque Dieu nous a créés pour les posséder. C'est l'amour éternel, sans nuages, l'admiration infinie dans une heureuse science des perfections et des actes divins.

Mais le mal, le malheur, en quoi consisteront-ils ? Ils ne peuvent être que l'opposé du bonheur, la souffrance ; le contraire de l'amour, la haine. Oui, ce qui caractérise les damnés, c'est la haine sans trêve ni merci, la malédiction, le blasphème. Vous qui enlevez les crucifix aux faibles, aux malheureux, qui allumez la haine dans leur cœur, vous leur donnez l'enfer anticipé, car vous ne pouvez même pas leur faire goûter les fausses joies de ce monde, et leur béatitude, c'est l'ivresse puis la folie. Vous avez raison de souhaiter votre anéantissement et l'inconscience de la nature.

Ils n'ont point connu Dieu parce que leurs œuvres étaient mauvaises ! Mais je ne suis pas un politicien, je suis un honnête romancier, un honnête philosophe, un honnête savant. Et l'orgueil, mes maîtres, et le sensualisme, messieurs les mondains ! *Eritis sicut Deos*, mais à quelles conditions ? ni Dieu, ni diable ; plus de bien, plus de mal, toutes les passions deviennent légitimes, le crime n'est plus que de la démence. Plus de libre arbitre, plus de conscience, malgré votre inepte altruisme qui ne produira jamais l'abnégation dans les masses, plus de responsabilité. Le moi est Dieu et en définitive le moi, c'est le ventre.

Rampez sur le ventre comme votre confrère le serpent, ne vous redressez que pour frapper de votre venin ceux qui vous dépassent ; la lutte pour la vie n'est-ce pas votre devise, la raison du plus fort, n'est-elle pas votre droit international, la base de votre politique ? L'Angleterre et ses philosophes, dans leur cruel égoïsme contre les faibles, sont vos maîtres. Saluez le singe, votre ancêtre en sensualité qui, plus heureux que vous, ne connut jamais le remords. La haine en bas, le mépris en haut, la ruse serpentine enlaçant sournoisement les humbles et les faibles pour leur soutirer le fruit de leur travail, forme moderne de l'esclavage antique, n'est-ce pas là l'image du monde qui renie le Christ.

Seule la religion catholique est armée pour combattre Satan, c'est la seule aussi qu'il haïsse. Soyez protestant, soyez juif, soyez musulman, boudhiste, spirite, mage, diseur de bonne aventure, inventez toutes les religions que vous voudrez, étalez tous les vices, vous vivrez en paix, le monde vous sourira, vous pourrez déployer au grand jour toutes les bannières, mais la Croix ! Écoutez l'effet qu'elle produit au plus profond de votre cœur et vous y trouverez Satan qui gronde.

Le chrétien seul vous trouble. Il faut qu'il soit imbécile ou hypocrite, un primitif, dont vous examinez anxieusement la conformation cranienne. Et cependant, vous comprenez que nous avons trouvé le bonheur, vous voudriez croire, et vous ne pouvez pas, pourquoi ?

Parce que vous n'avez eu d'affection que pour vous-même et pour vos passions. Alors instinctivement, vous avez chassé Dieu de votre cœur et de votre mémoire ; vous avez oublié tout commerce avec lui, vous avez oublié la prière ! la prière qui obtient le bien, le bonheur, à condition de fuir le mal.

Prenez donc la résolution de vivre dans le bien, résumé par l'antique décalogue, faites amende honorable au Dieu bon que vous avez méconnu. Pour cela, retirez-vous pendant quelque temps dans un endroit écarté, le plus propice est le sommet d'une montagne, et s'il est possible, dominant la mer. Là, prosternez-vous devant l'immensité divine, déversez l'amertume de votre cœur qui déborde de toutes ses souillures, de toutes ses déceptions, de toutes ses meurtrissures. Implorez l'être insondable qui déchaîne et calme les tempêtes ; faites-lui l'honneur de le croire bon et compatissant dans une sagesse impeccable, et priez-le de vous éclairer de sa lumière, de vous guider vers ses sereines clartés, Priez !

Vos larmes deviendront bientôt plus douces, vous sentirez battre ce cœur depuis si longtemps refroidi. Encore un mouvement généreux, les sens sont amortis ; domptez aussi l'orgueil et vous êtes sauvé. Dieu n'aime pas à être toisé ; il a mis la clef du bonheur dans l'humilité. Ne lisez donc pas des livres de controverses avant votre conversion, car vous êtes encore sous le prisme de l'erreur ; après, au contraire, lisez-en beaucoup, ils affermiront votre foi. Mais allez tout droit à son Eglise qui vous accueillera au chant des anges, car ce jour-là, il y aura un redoublement de joie dans le ciel en votre honneur, tant l'âme humaine a de prix auprès de Dieu.

CONCLUSION.

Les forces brutes ne sont pas causes premières. Au lieu d'être causes de vie, elles tendent vers la mort, l'inertie et le refroidissement. Elles sont pour l'homme, l'instrument de son industrie, grâce à une faculté que ne possèdent pas ces forces fatales, l'intelligence ou choix des moyens.

La vie personnifiée dans la cellule, que ces forces n'ont jamais pu produire, et tous les chefs-d'œuvre qui sont construits avec elle, les lois harmonieuses qui régissent les forces brutes elles-mêmes, tout montre qu'au-dessus de la nature brute et vivante, il y a une cause intelligente qui a inventé et réalisé la cellule, les plantes et les animaux ; et c'est la même cause qui régit l'univers dans l'unité.

En quoi consistent les sous-ordres émanant de

cette suprême volonté ? comment règlent-ils les fonctions de chaque cellule, de chaque tissu, de chaque organe, de chaque plante, de chaque animal pour lesquels chacun de ces petits mondes est inventé ? Nous n'en savons rien. Mais il est évident que toutes ces créations, où se révèlent une intelligence, une prévoyance, une adaptation surprenantes, sont soumises aux mêmes forces, sont construites sur un plan commun, avec cet unique instrument, la cellule, par la même intelligence sans rivale.

Au-dessus de l'animalité terrestre, l'homme est seul doué de raison et d'intelligence. La raison lui dévoile l'essence divine, les lois imposées à la nature, la science ; son intelligence lui dévoile les procédés du grand architecte, c'est la source de ses inventions.

Par ces deux facultés, il domine la nature, lui arrache tous ses secrets et court de prodiges en prodiges. Il est évident, que par ces deux facultés, le créateur, le maître souverain a voulu mettre l'homme, seul des animaux en communication avec sa pensée. Il lui dévoile son intelligence incomparable, en même temps que la beauté de ses œuvres, laquelle ne peut être qu'un reflet de sa splendeur : c'est là que s'inspirent les beaux-arts.

Enfin, don inestimable, Dieu a donné à l'homme la faculté d'aimer, d'un amour débordant ses instincts, débordant la nature toute entière et remontant jusqu'à l'adoration de cet être souverain auquel seulement il peut rapporter tous les nobles sentiments qui l'animent, toutes les aspirations de son cœur. Donc, par le cœur, par l'intelligence, par la raison, par le sentiment du beau nous remontons jusqu'à Dieu. Ne sommes-nous donc pas créés pour aller à lui ?

L'homme serait parfait si, de cette suprême élévation, il ne descendait à la suprême ignominie ; s'il n'y avait en lui une tendance monstrueuse à exagérer, à pervertir les instincts. L'homme en plus, a le génie de la destruction, de la cruauté. Il a seul la tendance à contrarier le plan divin. Et comme il n'est pas son propre moteur, il y a donc en lui un principe qui est en contradiction avec le Bien, avec Dieu ; nous ne pouvons dire en opposition, car nous voyons toujours l'ordre immuable persister.

C'est de la folie volontaire que de ne pas reconnaître en nous ce combat de deux forces émotives opposées, que nous appelons le bien, le mal, et le siège du combat est la conscience.

L'imagination et les passions, les usages et les préjugés troublent tellement la pureté de la conscience que nous réclamons un guide, et que l'homme, les nations, qui n'en veulent pas, vont à leur perte.

La perfection impeccable de Dieu déchoit dans notre entendement, si sa bonté ne daigne éclairer notre conscience et sur la cause du mal et sur les règles certaines qui doivent diriger notre conscience dans nos rapports avec sa majesté, avec nos semblables, avec nos instincts faussés.

L'observation d'autre part, montre que l'homme, de lui-même, tout en ayant, seul des animaux, la faculté du langage signifié, ne peut se l'inventer pour entrer en communication avec ses semblables. L'homme est un être enseigné. Il a donc fallu que Dieu enseignât au premier homme un langage, et voulût bien, pour cela, se dévoiler à ses sens.

Sa perfection, sa bonté exigeaient, en plus, qu'il éclairât sa conscience et qu'il lui révélât le vrai bien, embrassant tous ses commandements.

La révélation, au lieu d'être une utopie, une invention humaine, est une nécessité sans laquelle l'homme serait une brute muette et déséquilibrée, la honte du créateur.

L'histoire montre que tous les peuples depuis la plus haute antiquité historique, jusqu'à nos jours, ont conservé des notions plus ou moins claires sur cette révélation primitive ; ils en règlent leurs mœurs, ils en ont conservé l'habitude de la prière, de l'adoration, du sacrifice ; de la croyance à l'invisible, au surnaturel, à l'existence des essences, des esprits, à la survivance de l'homme Toutes choses dont la nature et l'animalité n'ont pu nous donner la notion.

Parmi toutes ces réminiscences, la véritable tradition existe-t-elle encore dans sa pureté primitive? Certes, l'esprit du mal, qui couve dans l'homme, l'a dénaturée de mille manières, mais il existe une tradition juive enseignée depuis les temps historiques les plus reculés. Nous savons que les premières traditions furent orales, celle-ci fut recueillie par Abraham et transmise à Moïse qui la consigna. Elle s'est conservée pure de toute interpolation jusqu'à nos jours par un peuple aussi ancien que les Assyriens et qui en détient encore aujourd'hui le dépôt.

Ces livres prédisent l'accomplissement du grand sacrifice par l'incarnation du Sauveur, fils de Dieu. A l'époque attendue et prédite, dans le temple même de cette antique tradition, apparaît un novateur qui se dit le Verbe, la parole de Dieu et qui vient si bien confirmer la primitive révélation, que depuis, aucune religion, aucune philosophie ne peuvent lutter avec la sienne devant la raison. Seule elle rend à l'homme son équilibre, la paix et le bonheur; seule elle explique d'une manière logique la cause du mal; seule elle éclaire la conscience et lui dévoile les vrais commandements divins, en rapport avec l'hygiène physique et morale de l'homme, avec les plus belles notions de civilisation et de gouvernement; seule, elle montre le but de la vie; ce but est sublime, digne du Dieu parfait, source unique de tout bien, de toute béatitude,

Dans son indépendance absolue, heureux en luimême dans sa trinité, le Parfait a voulu faire déborder cette immense béatitude, et il a créé les mondes, il les crée à toute heure, il a voulu les relier à sa Pensée en donnant à ses créations les plus élevées un reflet de sa raison.

Mais pour voir Dieu face à face, pour jouir de sa splendeur dans l'extase de l'admiration et de l'amour, sa justice exigeait le mérite. Alors cachant momentanément sa gloire, il tempère si bien l'ombre avec la lumière, que les essences vont par leur propre volonté, vers la vie ou vers la mort, vers le bonheur ou le malheur éternel.

Les peuples et les philosophes qui renient Jésus le Sauveur, ne trouvent plus de saveur dans aucune autre religion ; ils tombent logiquement dans le matérialisme, qui attribue, faute de mieux, l'intelligence à la matière brute, au mouvement, et cela sans en avoir conscience.

Alors l'homme découronné de son auréole, perd le vrai sens de la liberté, de la responsabilité; il ne cherche dans la science, que les sophismes qui peuvent le dégrader. Les lâches qui veulent s'endormir dans un déisme vague, se font un Dieu soliveau. Ceux qui veulent se conduire par la raison pure, divaguent à l'instar de tous les philosophes, car la raison ne saisit ni les causes, ni les substances, ni l'origine, ni la fin des choses. Cette limite, c'est le plafond du théâtre où Aristophane met malicieusement Socrate, soulevé dans une corbeille, pour philosopher de plus haut.

Dieu ne se dévoilant plus à nos sens, ne peut être l'objet de l'observation scientifique. Il faut donc humilier notre orgueil et écouter la tradition dès l'instant qu'elle est lumineuse.

Marc X, 15. « Quiconque n'aura pas reçu comme un petit enfant le royaume de Dieu, n'y entrera point. »

Imitation, livre II, ch. V. « L'homme s'élève au-dessus de la terre sur deux ailes, la simplicité et la pureté. »

Béatitude.

Il y a deux sortes de béatitudes :

1° La béatitude de concentration qui rapporte tout à soi ; amour égoïste qui ne donne rien, qui désire envahir tout, avarice, orgueil ;

2° La béatitude d'expansion ou amour qui se donne, qui se répand et qui, pour être heureux, demande à être payé de retour.

La première est celle du démon, qui se retira de Dieu, pour s'admirer et vivre de sa propre lumière. L'homme qui n'a aimé que son orgueil et sa chair se dégrade ; arrivé à la fin de sa carrière, il tombe dans le suprême désenchantement. Ayant passé sa vie à ne croire qu'à l'intérêt, il ne croira plus au désintéressement, il ne saura plus voir l'amour, quand bien même Dieu le mettrait sur son chemin.

La seconde béatitude est celle de Dieu, et demande avant tout d'aimer son prochain, pour prouver à Dieu qu'on l'aime de cet amour désintéressé dont il nous a tous aimés. Car il a créé, par amour, ce prochain ainsi que nous. Nous avons donc beau le prier, l'assurer de notre amour, si nous n'avons pas l'amour d'expansion, si nous n'aimons pas notre semblable, surtout le déshérité, le pauvre, nous n'aimons pas Dieu comme il nous a aimés.

Cet amour exalte, relève la dignité de l'homme, l'ennoblit, lui donne la force, le courage, le dévouement, la beauté morale, la grandeur, et l'amène au sacrifice de la vie pour la gloire, pour la patrie, pour son Dieu! Mais, à ce portrait, ne voyez-vous pas l'homme grandir et monter à l'apothéose, avec les génies ailés dont votre scepticisme est obligé d'orner les statues de vos héros! Cet amour est donc bien l'amour divin puisqu'il nous élève et qu'instinctivement nous le déifions.

Reportant notre observation à Dieu, nous voyons qu'il ne pouvait que condamner l'égoïsme, puisque la famille existe entre les trois personnes divines, et que son amour y est éternellement fécond. Nous devons nous habituer à cette vérité indiscutable si opposée aux données de notre égoïsme et à ses effets désastreux sur le monde, c'est que Dieu a voulu faire déborder la coupe de sa béatitude, et c'est pour cela que la sagesse éternelle décréta la création ; Dieu n'ayant pu créer que par bonté.

Les payens avaient une jolie légende qui faisait remonter la création aux sources de l'amour.

Junon, la reine des cieux, envoie le serpent pour tuer Hercule à son berceau ; Hercule étouffe le serpent et Junon séduite, veut nourrir le héros de son sein plein d'amour et de volupté. Dans l'extase de son bonheur, Hercule fait ruisseler le lait divin dans l'espace en perles étincelantes, chaque goutte devient un monde.

L'amour de la mère pour son enfant qu'elle allaite, ce doux tressaillement, réminiscence des légitimes extases, c'est bien l'extase de l'amour divin se répandant sur les créatures. De même, l'antique Boudha le personnifie dans ses nombreuses mamelles, mais il est grotesque comme tout ce qui est l'œuvre du démon.

La nature entière dans le dévouement des animaux pour leurs petits, dans le but suprême de l'insecte pour l'avenir de sa race ; dans les précautions providentielles pour le germe même de la plante, ne nous révèle-t-elle pas l'amour de l'expansion, du désintéressement ? Que la nature espère car elle est appelée à partager l'amour de Dieu, par l'intermédiaire de l'homme, ange et animal, réunis en une seule personne.

Tout vient donc à l'appui de cette croyance si

logique, de l'Être suprême, créant par amour pour faire surabonder son bonheur. En créant des êtres capables de le comprendre et de l'aimer, il va répandre cette semence divine, l'amour, le bonheur à des êtres capables de le payer de retour.

Quelque petit que soit notre volume dans l'espace des mondes, quelle que soit la valeur de notre personnalité, elle est cependant digne de Dieu, puisque Dieu y a mis le désir du bonheur et de l'amour, et que ce désir, toujours insatiable, franchit la vie, l'espace et le temps pour ne se reposer qu'en lui.

Malheur à nous quand notre égoïsme animal nous renferme dans l'amour de concentration; car Dieu a créé par amour et sur la terre il a voulu que toutes ses créatures sortissent d'elles-mêmes pour participer à ses créations par la *procréation*; quelle profondeur de pensée dans cette expression.

C'est dans l'amour conjugal que Dieu a placé, au fond du cœur de l'homme, la somme la plus grande possible de bonheur terrestre, pour nous rappeler que c'est bien par amour d'expansion qu'il nous a créés en chair et en esprit. Le mariage sera donc béni s'il est fécond, et s'il n'est pas une idolâtrie. Mais le démon, jaloux de l'homme, l'a perverti; il a fait du sens rebelle l'instrument le plus puissant de sa domination. Là est le sceau de la grande déchéance, la luxure, qui répugne à l'instinct de tous les animaux dans leur état de nature.

Pour mieux arriver à ce but de faire connaître la béatitude qui se donne, qui s'épand, Dieu a donc voulu la grande loi des sexes pour toute la nature, et tout y obéit jusqu'aux étamines de la fleur qui tour à tour s'inclinent devant le tabernacle où se renouvelle le grand mystère d'expansion.

Mais la fleur, reflet des beautés et des harmonies divines, sera une leçon pour l'homme. La rose n'a que cinq pétales, mais elle augmentera d'autant plus de beauté que Dieu lui retranchera d'étamines. Leçon qui nous montre l'amour divin répandant en nous ses splendeurs en raison des sacrifices que nous lui ferons de nos amours terrestres.

En unissant la sagacité de notre intelligence au génie inépuisable de l'artiste divin, nous créons mille variétés de fleurs, plus belles les unes que les autres, mais c'est en raison de la difficulté d'en reproduire le germe. En sorte que les plus belles sont vouées à une virginité complète faute d'étamines, et qu'il faut l'artifice du bourgeon pour les reproduire. C'est ainsi qu'en se greffant sur la vigne divine, la virginité produit en l'homme les fleurs les plus belles que nous puissions offrir à Dieu.

Si vous songez d'une part, que l'amour pour son Dieu est le plus grand et le plus beau des amours et que d'autre part, Dieu a mis en notre cœur cette capacité de pouvoir l'aimer jusqu'au martyre ! Au point de vue humain qu'est-ce qu'aimer un objet qu'on n'a jamais vu ni connu ? et cependant c'est le plus vrai, le plus éternel, le plus instinctif et le plus puissant de tous les amours, il est de tous les temps, il est de tous les peuples ; concluez-donc qu'il nous a été donné par Dieu lui-même, et cela pour le payer de retour, dans ses appels incessants à aller à lui, à nous désaltérer à sa béatitude, en attendant l'heure bénie pour Saint-Jean, de reposer sur la poitrine aimée. Qui sait si les plus ardents n'auront pas les voluptés de la Sulamite du cantique des cantiques ; Saint-Paul n'a pas eu le droit de nous décrire ses ravissements.

Mais comment faire pour aimer Dieu ? Pour commencer à sentir l'amour de Dieu et y correspondre, il faut nécessairement commencer par sortir de soi, faire acte d'expansion ; sortir de l'orgueil et se frapper la poitrine comme le publicain : « Mon Dieu, je ne vous ai jamais aimé, venez à mon secours. » Sortir de la chair et de la volupté qui dégradent, se soumettre au décalogue qui est la volonté de Dieu, et enfin on sort réellement de soi en rompant avec l'avarice et donnant à pleines mains.

Jésus loue la femme qui porte au tronc sa dernière obole ; quelle folie au point de vue humain ! et cependant les siècles sont venus prouver que c'était la suprême sagesse et que le renoncement complet donne l'amour complet de Dieu. La béatitude de cette vie, est à ceux qui ont tout quitté pour le suivre. Je ne connais rien de beau comme le regard ravi d'une fille de charité.

Donc si vous voulez retrouver la foi, après avoir chassé les penchants égoïstes, après avoir supplié votre père céleste, prenez une large part de votre or, allez aux bonnes informations, approchez-vous vous-même du malheureux et dites lui : « Tiens, mon frère, ma sœur, ma mère, partageons pour l'amour de Dieu. Oh ! oui, pour l'amour de Dieu, car le plus souvent ne demandez pas de la reconnaissance à des cœurs aigris ou dégradés ; leur reconnaissance d'ailleurs vous payerait dès cette vie. Surtout ne les méprisez jamais car ils subissent les conséquences de nos vices et de nos erreurs. Avons-nous montré le Christ à leur enfance ? car, ne l'oublions pas, l'homme est un être enseigné.

C'est à cause de sa piété et de ses aumônes que le payen Corneille fut averti d'aller à Pierre pour s'éclairer à la pure lumière et gagner le royaume éternel promis aux âmes secourables.

Si après, vous ne trouvez pas Dieu, je vous permets de dire que Dieu n'existe pas. En revanche tant que vous resterez dans l'égoïsme, le vice et l'orgueil je vous dirai, le démon existe, il est en vous.

Cette théorie de l'homme créé pour le bonheur par un Dieu miséricordieux, dont l'amour déborde sur le monde, semble un paradoxe et une ironie en regard de l'histoire et de notre misérable sort.

Nous le constatons comme vous, seulement nous l'expliquons par la déchéance qui est bien réelle, puisque, seuls des animaux, nous allons contre les instincts les plus naturels; nous abusons, nous errons, nous accumulons au delà de nos besoins naturels, nous torturons et sommes capables de tous les crimes, de toutes les luxures.

Sans l'épreuve primitive du mérite où le premier germe de la race a succombé, cet état contre nature est inexplicable et inexpliqué par toutes les religions et toutes les philosophies qui se sont succédées.

Mais reprenant la théorie de l'amour aussi immense que la puissance divine, nous constatons dans l'histoire de l'humanité qu'un homme est mort en affirmant qu'il était le Christ prédit, le fils de Dieu, le sauveur; ses souffrances étaient le solde de notre rédemption. En effet, à partir de ce jour les chrétiens seuls ont retrouvé le bonheur, la joie, la paix au milieu des plus grandes tribulations. Ils reviennent à l'état de nature en retrouvant la tempérance, la continence, ils aiment leur prochain.

Lorsque vous gouvernez suivant leurs principes, vous faites des peuples heureux, témoins le Paraguay et encore hier les Philippines, au témoignage même d'Élisée-Reclus.

Le christianisme est donc bien vrai et Dieu est bon et miséricordieux, et la folie de la croix est le plus sublime témoignage de l'immensité de l'amour divin. Mais il n'est pas le Dieu de ce monde, il l'a dit. Il n'est pas le Dieu de l'égoïsme, de l'avarice, de l'orgueil, de la luxure, ce Dieu c'est le démon auquel l'humanité était soumise.

Celui-ci donne les joies décevantes; il donne la puissance, la richesse ; et dans notre folie, nous envions les joies des méchants, des habiles, des intellectuels. Ils s'étalent au grand jour, ils brillent, ils ont les succès, les honneurs. Ce sont là les avantages de la béatitude de concentration, vous êtes libres, choisissez.

Mais Dieu leur laissant leur récompense dans ce monde, se réserve lui-même pour les humbles et les déshérités qui sont la masse, le grand nombre. A ceux-là à qui il n'a pas donné les dix talents, il demande peu, la résignation et la droiture, Lazare est dans le sein d'Abraham.

Que le laboureur sur son sillon, l'ouvrier dans la mine noire se consolent, que l'Hindou mourant de faim et implorant le Ciel qu'il ne connaît pas espère; le sauveur est venu pour tout le monde et la récolte sera immense, car l'humanité qui souffre, c'est l'immense majorité, et la souffrance c'est l'expiation : elle mène à la rédemption quand elle implore et qu'elle n'est pas souillée par le blasphème.

En ce qui concerne la nature, il n'y a qu'une objection à faire contre la bonté divine, c'est la loi de mort qui sur la terre atteint tous les êtres créés, les fait se dévorer entre eux.

Nous n'avons à exposer à Dieu que nos propres griefs. Il n'a aucun compte à nous rendre sur ses œuvres, que la science nous montre parfaites. Il n'avait qu'à nous prouver sa bonté envers nous, et il nous la prouve, même en nous envoyant la peine et la douleur, qui sont des avertissements, quand nous faisons mal moralement ou physiquement, ou qui sont des épreuves pour développer le mérite, souvent même un moyen pour aller à un plus grand bien. Quand on se comporte comme le mulet, il faut non seulement le mors mais l'aiguillon.

Pour la nature, cette loi de la mort, la nécessité du germe, prouve une plus grande fécondité de la part du créateur et la persistance de sa Providence, puisque l'œuvre toujours renouvelée se conserve intacte. Cette souplesse admirable à lutter contre la destruction, cette harmonie entre la vie et la mort qui compense toujours les pertes par les gains, qui arrête la surabondance et rémédie à la pénurie, qui développe une activité prodigieuse dans cette course à l'existence, est encore plus belle dans sa perennité que le cours des astres et les lois physiques et chimiques. Elle dénote plus d'activité, de science et d'intelligence de la part du créateur;

il est plus qu'architecte, il est industriel, artiste infatigable.

Et cependant tout relève de sa primitive impulsion pour nous donner une image raccourcie de son éternité. Mais s'il faut créer à nouveau, qu'à cela ne tienne, l'artiste est toujours présent. Partout où il y a place pour un germe sur la terre, dans l'air ou dans l'eau, il l'y accommode. Que des déluges dépeuplent la terre, ou que les conditions de la vie viennent à se modifier, plantes et animaux surgissent, sans que Dieu ait voulu nous montrer ses moyens. Il aurait entraîné notre conviction et détruit le libre arbitre.

La théorie actuelle sur l'origine des êtres, car le savant sait tout, est encore aussi scientifique que celle de Deucalion et Pyrrha. Mais quand l'homme, ennemi de la nature, aura détruit une espèce, Dieu laissera sa place vide, pour bien prouver qu'aucune évolution ne remplace son action personnelle.

Mais la souffrance ! elle existe dans la nature et la nature n'a pas péché. Il ne faut pas l'envisager à notre point de vue. Lewingston disait que les animaux sauvages ne sont pas sujets aux maladies. Un animal blessé ne paraît pas souffrir comme nous. Un chien crie plus d'un coup de fouet que d'une patte cassée qu'il traîne en courant. L'insecte qui emporte la chenille pour ses petits, l'araignée avant de dévorer la mouche, engourdissent la bestiole. Un savant prétend avoir acquis la certitude, à la suite d'une longue enquête dans l'Inde, que les blessés par les fauves ne ressentent que du saisissement et pas de douleur lorsque leurs chairs et leurs os sont écrasés par la mâchoire. Mais ce qui est certain, c'est que l'animal n'a l'appréhension de la mort que juste ce qu'il faut pour lui en faire éviter les occasions. Cette certitude de tous les jours que l'ennemi peut les dévorer, ne les trouble ni dans leurs jeux, ni dans leurs amours.

Et quand même la nature terrestre serait appelée à souffrir, comme le nota Denys, l'aréopagite, le jour de la mort du juste! Il y a une étrange solidarité dans la Bible entre l'animal et l'homme. D'abord les animaux terrestres sont créés le même jour que lui. Seulement au soir de ce dernier jour, les trois personnes divines se réunissent pour former à leur image le chef de cette création. Il en sera ainsi le représentant auprès de la divinité. Mais qu'il s'en souvienne, les animaux sont de sa race, du même limon, tout en étant ses serviteurs, *in quibus est anima vivens* dit la Genèse.

Sans Noë, le juste, le parfait, Dieu détruisait tous les animaux en même temps que le genre humain corrompu. Il fit grâce seulement aux animaux qui entrèrent dans l'arche avec le juste. Voilà bien la solidarité.

Jonas prêchant la pénitence dans Ninive, le roi ordonne de faire jeûner les hommes et les bêtes, de revêtir d'un sac les uns et les autres, et que les bêtes comme les hommes implorent la clémence divine : *et operiantur saccis homines et jumenta et clament ad dominum in fortitudine.*

Si la nature terrestre et l'homme sont solidaires, cette création ne devait-elle pas prendre la teinte de tristesse qui allait caractériser l'homme déchu. L'image de la mort ne devait-elle pas être toujours présente devant ce dernier pour lui rappeler l'échéance incertaine de cette vie d'épreuves ?

SEIGNEUR,

Votre puissance souveraine, votre intelligence et votre prévoyance dans vos œuvres, votre unité, me sont aujourd'hui prouvées par la science. Mais que suis-je devant votre immensité ? Un atome vivant.

Cependant, d'un bond prodigieux, la science me conduit aujourd'hui au pied de votre trône, après m'avoir découvert pas à pas les savantes combinaisons du plan sur lequel vous fîtes les mondes. Cette science, c'est vous qui me la développez tous les jours ; vous vous occupez donc de moi ; je suis votre ami puisque vous m'instruisez ; ma raison est fille de la vôtre, puisque vous lui épelez vos merveilles.

Mais ne puis-je donc vous connaître que par vos œuvres, m'avez-vous défendu de communiquer directement avec vous ? On dit que vous avez parfois parlé à l'homme, ne me parlerez-vous jamais ?

—Mon fils, je vous parlerai aussi souvent que vous voudrez. Mais je ne puis anéantir votre libre arbitre, ni votre mérite, en vous donnant la conviction des sens. Cherchez-moi au fond de votre cœur et vous m'y trouverez toujours. Nous causerons en amis, je vous prouverai combien je vous aime et je vous apprendrai à m'aimer ; je vous inonderai de délices, auprès desquelles les enivrements de l'orgueil et les voluptés des sens ne sont que fadeur et pourriture.

— Que faut-il faire ?

— Je suis le Dieu jaloux qui ne veut pas de partage. Désireux de répandre ma béatitude, je t'ai créé pour l'obtenir. Il faut donc tout délaisser pour la chercher et la mériter.

Laisse les fausses joies de ce monde qui est à Satan ; nettoie, purifie ton cœur, promet de n'être qu'à moi : *sursum corda*, et j'accours. Parle, je te répondrai ; si tu reviens aux sens, tu m'oublieras de nouveau, le doute énervant reviendra. Mais raidis-toi, vomis tes mauvais désirs, implore le pardon et me voilà de nouveau, toujours prêt à pardonner au vrai repentir, à te rendre ma joie et mon amour.

— Merci, Seigneur ! Vous êtes réellement mon père et moi je suis votre fils indigne. Mais je vous aime et n'aimerai que vous, avec l'espoir de vous aimer toujours dans la paix de la vie éternelle.

On prétend qu'un matérialiste, assistant aux derniers moments du père Lacordaire, lui demanda s'il regretterait les joies de ce monde, au cas où ses derniers instants lui démontreraient l'approche de l'anéantissement total et que, dans la sérénité de son âme, il répondit négativement.

Ainsi ferais-je, après avoir acquis l'expérience du médecin sur le monde et ses hochets, après avoir trouvé dans la prière, le vrai bonheur, le vrai remède contre les épines du chemin. Je n'aurais donc rien à regretter dans l'anéantissement.

Mais si, comme je l'espère, comme j'en ai la foi, ma personnalité doit persister après ma mort, je demande à la bonté divine d'être loin des élus de ce monde, avec Jésus, mon bien-aimé, avec ses amis de tous les temps, avec les sœurs de Saint-Vincent-de-Paul que j'ai connues, que j'ai vénérées et que j'implore dans mes prières, avec ces pauvres prêtres si calomniés, si méritants, avec tous les braves cœurs que j'ai approchés dans le cours de la vie.

Et maintenant, planons au-dessus de la terre, élevons-nous, montons encore plus haut ; attendez un peu et vous verrez se dérouler à votre vue, tous les peuples ; leurs regards semblent dirigés vers nous, tous regardent en haut. Un encens au parfum varié monte incessamment de tous les points du globe ; qu'est-ce? C'est la Prière ! et ainsi à toute heure et dans tous les temps, lisez l'histoire et votre grand géographe ; voilà un fait d'observation, voilà de la science.

L'homme est un animal qui élève son âme à Dieu, et Dieu lui mentirait !

Comme vous êtes obligés, dans votre théorie matérialiste, de faire le souverain maître petit ! *Aures habet et non audiet.* Et en faveur de qui le détrônez-vous ? En faveur de la raison dans une nuit sans étoiles.

Pauvre raison ! On t'a mise sur nos autels, et en ton nom, on a sacrifié des millions d'hommes, et tous les jours l'esprit du mal immole des milliers d'âmes. Reviens au bon sens, au sens commun de tous les siècles.

TABLE DES MATIÈRES

	Pages
Dédicace	v
Exposé des matières traitées	vii

TOME PREMIER — LE MONDE

CHAPITRE PREMIER. — Matière brute	3
Caractère de la science. Qu'est-ce que la science	3
Qu'est-ce que la fausse science	4
La méthode scientifique	6
Matérialisme	12
Etude du monde. De quoi se compose le monde	27
L'espace	28
Le temps	28
La matière	29
Conclusion	52
CHAPITRE II. — La Vie	52
Développement du germe	61
Plasma	68
Le goémon	77
Conclusion	92

TOME II — L'HOMME

CHAPITRE PREMIER. — La Pensée	111
Imagination	118
Fonctions de la pensée	130
CHAPITRE II. — Les Idées	149
CHAPITRE III. — L'âme et ses fonctions. Définition de l'homme	189
La philosophie	189
L'âme	192
Fonctions de l'âme	195

TOME III — CAUSE PREMIÈRE
CATHOLICISME

CHAPITRE PREMIER. — **Cause première**............	221
Intelligence suprême...............................	221
But de la création.................................	226
Dieu fait l'homme à son image.....................	231
CHAPITRE II. — **Catholicisme**......................	249
Principe du mal....................................	249
Origine de l'homme.................................	252
Le Rédempteur......................................	259
Le Sacrifice.......................................	265
Conclusion...	287
Béatitude..	293

Le Mans. — Imp. de l'Institut de bibliographie. — x-1901.

LE MANS. — IMPRIMERIE DE L'INSTITUT DE BIBLIOGRAPHIE

www.ingramcontent.com/pod-product-compliance
Lightning Source LLC
Chambersburg PA
CBHW060401170426
43199CB00013B/1952